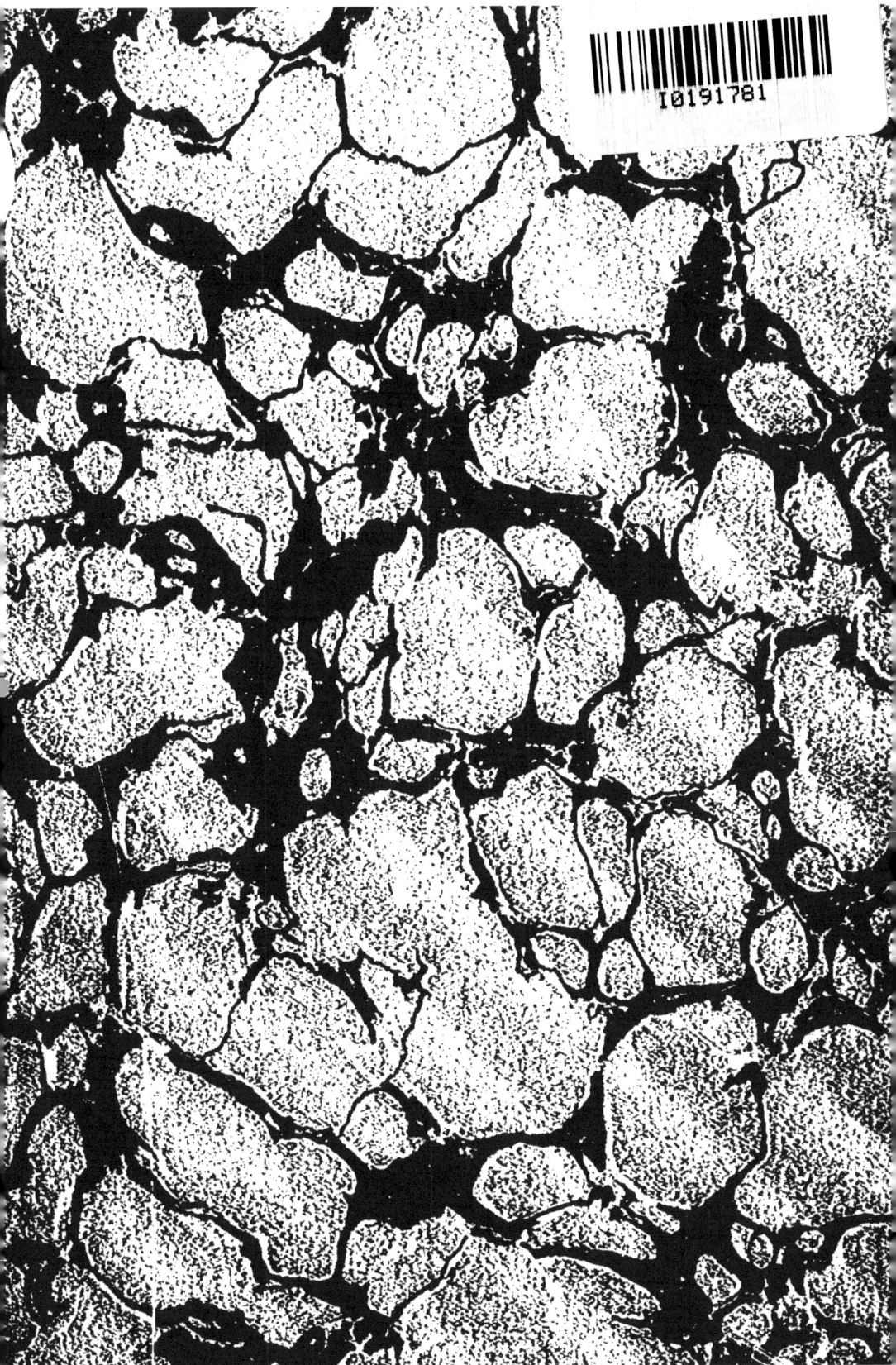

ISAAC PEREIRE

POLITIQUE INDUSTRIELLE

ET COMMERCIALE

BUDGET DES RÉFORMES

Tout par le travail, tout pour le travail.

Toutes les institutions sociales doivent avoir pour but l'amélioration du sort moral, intellectuel et physique de la classe la plus nombreuse et la plus pauvre.

PARIS

IMPRIMERIE C. MOTTEROZ

31, RUE DU DRAGON, 31

1877

TABLE DES MATIÈRES

Pages

PRÉLIMINAIRES : Politique industrielle et commerciale. — Budget des
Réformes. 3

PREMIÈRE PARTIE
Douanes

CHAPITRE Ier. — Nouveau Tarif général des Douanes 15
— II. — Modifications au projet de Tarif général 20
— III. — La Houille 37
— IV. — Fontes, Fers et Aciers 49
— V. — Filés et Tissus de coton 69
— VI. — Sucres. 87

DEUXIÈME PARTIE
Octrois

— VII. — Suppression des Octrois 105

TROISIÈME PARTIE
Voies et Moyens

— VIII. — Considérations générales. — Mission des Banquiers. . 137
— IX. — Moyens d'exécution 149

DÉVELOPPEMENTS. 163

ISAAC PEREIRE

POLITIQUE INDUSTRIELLE

ET COMMERCIALE

BUDGET DES RÉFORMES

Tout par le travail, tout pour le travail.

Toutes les institutions sociales doivent avoir pour but l'amélioration du sort moral, intellectuel et physique de la classe la plus nombreuse et la plus pauvre.

PARIS

IMPRIMERIE C. MOTTEROZ

31, RUE DU DRAGON, 31

1877

POLITIQUE INDUSTRIELLE & COMMERCIALE

BUDGET DES RÉFORMES

INTRODUCTION

Programme de Politique industrielle et commerciale. — Nécessité de rompre avec les erreurs du passé. — Suppression des Octrois. — Abaissement des taxes de consommation. — Libre échange.

Au-dessus des luttes des partis et des questions brûlantes de la politique du jour, se placent les intérêts permanents de la société.

Quelle que soit l'issue des prochaines élections, le Gouvernement qui en sortira n'acquerra une influence durable que s'il applique tous ses efforts à l'amélioration du sort moral, intellectuel et physique de. classes les plus nombreuses. Ce programme a été celui de nos pères, celui de la première Révolution ; et c'est pour s'en être écartés que leurs successeurs ont voué la France aux émeutes, aux bouleversements, aux changements perpétuels de dynasties et de régimes politiques.

Tout Gouvernement, s'il veut vivre, s'il veut répondre aux vœux légitimes de la nation, doit donc se montrer, avant tout, préoccupé des intérêts des classes laborieuses ; il faut qu'il affranchisse les masses des lourds impôts qui pèsent sur elles et qui restreignent, au détriment de la société tout entière, la production et la consommation ; il faut enfin qu'il sache donner une vive impulsion au travail et user dans ce but de toutes les ressources du crédit.

Le programme du Gouvernement doit embrasser les moyens les plus propres à donner un but à l'activité nationale et à favoriser l'essor de la société.

Ce programme pourrait être ainsi formulé :

1° Quels sont les moyens d'accélérer les progrès des sciences d'observation et d'en faciliter l'application à l'industrie et à l'éducation publique ?

2° Quels sont les moyens d'accroître le plus promptement possible la valeur du territoire de la France et sa production ?

3° Quelles sont les mesures les plus propres à donner à l'industrie manufacturière le plus grand écoulement possible de ses produits à l'intérieur comme à l'extérieur, de façon à accroître d'une manière permanente l'activité des fabriques, à satisfaire largement aux besoins de la nation, à donner la plus grande quantité de travail aux ouvriers, et à leur procurer ainsi, par des voies naturelles et légitimes, une augmentation dans le taux des salaires ?

4° Quelles sont les mesures financières à adopter pour améliorer le plus promptement possible la viabilité du territoire et compléter dans toutes ses parties l'achèvement de notre système de voies de communication ?

5° Comment doit-on s'y prendre pour modifier l'assiette actuelle des impôts sans diminuer les ressources nécessaires à l'entretien des services publics et sans surcharger aucune des classes de la société ?

Quelles sont en particulier les ressources dont on pourrait disposer pour supprimer immédiatement ceux des impôts de consommation qui pèsent le plus lourdement sur le peuple ?

6° Comment pourrait-on procurer aux enfants du peuple une instruction plus étendue et plus solide que celle qu'ils ont reçue jusqu'à ce jour ?

C'est en donnant une solution à ces problèmes que la France pourrait défier les révolutions et envisager l'avenir avec sécurité.

Nous avons, dans notre précédente brochure sur le budget de 1877 (1), traité avec des détails suffisants la question de la réduction des taxes de consommation ; nous avons démontré, par l'exemple mémorable de la réforme de Robert Peel, que la réduction de ces taxes amènerait infailliblement une augmentation des produits du Trésor : nous n'y reviendrons donc pas.

Mais la première, la plus urgente des réformes, celle qui doit donner au Gouvernement une véritable popularité, c'est la suppression des Octrois, abolis déjà, en 1791, par l'Assemblée constituante, et qui ont été rétablis depuis dans un but de fiscalité mal entendue.

Nous consacrons plus loin à l'étude de la question des Oc-

---

(1) *Le Budget de 1877*. Question financière, par Isaac Pereire (1876).

trois plusieurs chapitres où la matière est traitée avec les développements qu'elle comporte. Nous y renvoyons nos lecteurs, mais nous tenons à affirmer qu'aucune réforme n'est plus urgente, plus équitable, plus politique ; aucune enfin n'est plus propre à donner au pouvoir cette popularité de bon aloi qui fait la force des Gouvernements.

La réduction des taxes, la suppression des Octrois, constituent des réformes d'ordre intérieur ; ces réformes seraient insuffisantes, inefficaces même, si le Gouvernement ne s'efforçait de faire prévaloir par tous les moyens dont il dispose, tels que l'établissement d'un bon tarif général des douanes et la conclusion de traités de commerce, les principes qui constituent la politique commerciale de la France. Ces principes sont ceux du libre échange.

Et, à ce propos, nous tenons à ne laisser planer aucun doute sur nos intentions.

Nous ne professons aucune doctrine absolue en matière de libre échange : on ne s'élève point du premier coup à l'idéal de la liberté ; ménager les transitions, avancer graduellement, ne jamais reculer cependant, telle doit être désormais la politique commerciale de la France. L'Angleterre sait par expérience ce qu'elle a gagné dans cette voie, et son exemple doit être mis à profit.

C'est en France d'ailleurs, et non en Angleterre, qu'est née la doctrine du libre échange, dont des intérêts égoïstes s'efforcent de retarder l'application ; François Quesnay, le chef de l'école des physiocrates, a été le maître et le précurseur d'Adam Smith, son contemporain. Cet homme de génie a posé les bases immuables de la doctrine libre échangiste que nous avons entrepris de vulgariser et de défendre contre toutes les réactions.

Il avait reconnu, dès le milieu du siècle dernier, que « les
« fabriques et le commerce ne pouvaient fleurir que par la libre
« concurrence, qui décourage les entreprises factices ou mal
« combinées, laisse aux industries de chaque pays leur plein
« et entier essor et ne permet que les spéculations sérieuses
« et durables, conformes à la nature même des choses ; la
« liberté prévient les monopoles, restreint à l'avantage des
« masses les gains particuliers ; aiguise l'ardeur industrielle,
« contribue puissamment à l'amélioration des machines,
« amène la diminution des frais de transport et de magasinage
« et contribue à l'abaissement du taux de l'intérêt au profit
« du plus grand nombre. »

Tout le programme du libre échange est dans les quelques
lignes qui précèdent.

Depuis un siècle, la France n'a marché qu'avec une excessive timidité dans la voie tracée par les chefs de l'école
des physiocrates ; souvent même on l'a vue retourner en
arrière et renier en quelque sorte les doctrines économiques auxquelles elle devra un jour une prospérité sans
bornes.

Les doctrines du libre échange ont eu, tout d'abord, à lutter
contre les abus inhérents à l'ancien régime et contre la domination des classes privilégiées. Les besoins du Trésor public,
les déficits résultant de guerres continuelles, ont malheureusement porté les Gouvernements, sous l'empire de nécessités
pressantes, à étouffer par de lourds impôts les germes mêmes
de la production.

L'œuvre merveilleuse de l'Assemblée de 1791, qui, basant
notre système d'impôts sur le revenu direct et constaté, abaissa
toutes les barrières, fut, hélas ! compromise par une suite non

interrompue de guerres, de révolutions, dont la France ressent encore aujourd'hui le contre-coup.

Les priviléges abolis sous la première Révolution ont été souvent rétablis ; une sorte de féodalité industrielle a remplacé l'ancienne féodalité qui tenait ses avantages de la possession du sol, et la classe moyenne elle-même a maintes fois essayé d'établir sa domination sur les autres, en rejetant tout le poids des impôts sur les classes déshéritées.

De là, une absence complète de vues d'ensemble, un défaut de direction dans la politique commerciale de la France, toujours déprimée et asservie par la pénurie du Trésor et condamnée à servir les intérêts des classes tour à tour dominantes.

La grande réforme de 1860 a inauguré un ordre de choses entièrement nouveau ; elle a mis en relief la puissance industrielle et commerciale de la France, et prouvé que le régime de la liberté était en somme celui qui convenait le mieux à son génie, à son tempérament, à ses aptitudes diverses.

Le système protectionniste a eu, nous le reconnaissons, sa raison d'être, sa nécessité, à une époque où notre industrie cherchait sa voie ; il importait alors de ne point laisser la concurrence étrangère étouffer les germes féconds de certaines exploitations agricoles ou manufacturières qui sont aujourd'hui la gloire et la richesse du pays ; il y aurait eu folie à paralyser les forces naissantes de la nation, en appliquant prématurément et sans mesure les principes absolus de la liberté.

Aujourd'hui, la France a grandi ; elle s'est mise au niveau de toutes les découvertes de la science moderne.

L'extension indéfinie des chemins de fer, de l'électricité,

de la navigation à vapeur, a transformé et déjà égalisé les conditions économiques des divers États de l'Europe ; elle a aussi tracé les lois auxquelles la politique industrielle et commerciale de la France doit désormais obéir.

Le régime de la liberté est, à nos yeux, le plus conforme aux besoins d'expansion de la nation, tandis que le régime contraire limite forcément à la fois ses forces de production et ses facultés de consommation.

L'expérience de 1860 a prouvé suffisamment que la France n'aurait plus besoin de protection, si elle faisait les sacrifices nécessaires pour placer celles de ses industries qui pourraient encore redouter la concurrence étrangère dans les conditions favorables auxquelles les nations voisines doivent leur prospérité ; elle a prouvé, en même temps, que les tarifs établis en 1860 étaient beaucoup trop élevés, et que, dans le plus grand nombre des cas, ces tarifs pouvaient être sensiblement abaissés sans le moindre inconvénient.

La prolongation du système de protection exagérée, aujourd'hui en vigueur, n'aurait désormais d'autre conséquence que celle de servir des intérêts égoïstes ; de maintenir, à côté du budget de l'État, un autre budget au profit exclusif de certaines classes privilégiées, un budget abusivement ajouté à tant d'impôts écrasants.

Les propositions que nous aurions à faire pour remédier aux vices du régime actuel peuvent se résumer comme suit :

Établissement d'un nouveau tarif général des douanes élargissant et facilitant nos relations avec les divers pays, d'un tarif propre à rendre inutiles dans l'avenir les traités particuliers de commerce ;

Abolition des droits d'entrée sur la houille et sur les machines à filer, dans le but de favoriser le développement de nos diverses industries, particulièrement de celle des textiles, en donnant satisfaction à la partie fondée de leurs réclamations ;

Simplification du tarif de douanes par la suppression de 6 à 700 articles de ce tarif qui suscitent des difficultés de toute sorte, des entraves sans nombre au commerce et ne rapportent guère à l'État que 20 millions de francs ;

Abolition des surtaxes d'entrepôt, ainsi que des droits de ports qui grèvent notre commerce maritime de frais considérables, et le constituent en état d'infériorité vis-à-vis des nations rivales ;

Réduction à moitié des droits actuels sur les fontes, fers, aciers et machines autres que celles à filer, dans la construction desquelles entrent ces matériaux, et, par contre, suppression des admissions temporaires ;

Réduction des droits d'entrée sur les fils et tissus, sur la base du système allemand, auquel est aujourd'hui soumise l'industrie de l'Alsace ;

Réduction, comme en 1860, des droits de consommation sur le sucre : à 30 francs pour le sucre indigène, à 27 francs pour celui de nos colonies et à 33 francs à l'introduction du sucre étranger ;

Allégement de l'impôt des patentes dont la charge, au détriment de nos industriels et commerçants, a été si fortement aggravée depuis la guerre ;

Enfin, suppression complète et immédiate des Octrois.

La mise à exécution de ces diverses propositions constituera pour l'État une charge annuelle de plus de trois cent millions, mais ce sacrifice sera essentiellement temporaire, et ne s'étendra pas au delà d'une période de quelques années. Une partie pourra être récupérée par une modification ultérieure de l'assiette des impôts; une autre, celle relative à l'industrie sucrière, serait bientôt largement couverte, sinon dépassée, par l'effet du développement de la consommation résultant de l'abaissement des prix.

A ce sujet, nous appelons particulièrement l'attention des lecteurs sur les derniers chapitres du présent travail, dans lesquels sont exposées en détail les ressources dont on pourrait disposer pour réaliser les réformes qui viennent d'être énumérées; l'étude des voies et moyens propres à arriver à une diminution des taxes de consommation qui grèvent si lourdement l'alimentation et le vêtement des travailleurs a été notre préoccupation constante, et nous avons confiance que les hommes compétents ne nous confondront point avec les utopistes ou les philanthropes rêveurs.

Le moment est venu pour le Gouvernement d'inaugurer en France, par de larges mesures d'utilité publique, la vraie, la seule politique : celle des améliorations sociales.

PREMIERE PARTIE

DOUANES

CHAPITRE PREMIER

NOUVEAU TARIF GÉNÉRAL DES DOUANES

Tarifs de 1791 et de 1816. — Nécessité d'un remaniement. — Exposé des motifs. — Hommage rendu par l'ancien Gouvernement aux doctrines de la liberté commerciale. — Contradictions. — Nécessité de supprimer 6 à 700 articles du tarif. — Esprit général qui doit présider à sa rédaction.

Le tarif général des douanes de 1791, établi sous l'inspiration de la grande tradition économique du xviiie siècle, avait fait une large part à la liberté commerciale. Pendant les guerres de l'Empire et la lutte suprême que Napoléon eut à soutenir contre l'Angleterre, l'application de ce tarif fut non-seulement suspendue, mais des décrets prohibitifs modifièrent complétement le régime commercial de la France.

En 1816, la Restauration, dans l'intérêt de l'ancienne comme de la nouvelle noblesse, des grands manufacturiers et des grands propriétaires, qui alors avaient fait alliance, rétablit le système protecteur, et fut conduite par degrés à édicter des lois de douanes de plus en plus restrictives. Les tarifs furent exhaussés, les prohibitions se multiplièrent ; blés, fers, bestiaux, tissus, fils et machines, tous les produits, enfin, obtinrent une protection exagérée et, à l'ombre de cette protection, la consommation fut grevée de charges énormes au profit des nouvelles classes privilégiées. Ces charges constituèrent en leur faveur un budget considérable dont l'importance échappait à toute appréciation. Ce système, qui écartait toute concurrence, eut encore pour effet d'arrêter les progrès de l'industrie nationale.

En vain le Gouvernement de 1830 essaya-t-il de réagir contre cet état de choses et d'améliorer la situation des consommateurs ; il dut reculer devant les injonctions, devant les menaces même des comités protecteurs ; il dut sacrifier à leurs prétentions les intérêts les plus précieux de la France, en abandonnant la pensée d'un traité d'union douanière projeté avec la Belgique.

Le Gouvernement de 1852 lui-même, si vigoureux, si énergique à son début, fut obligé, en 1857 et 1858, de capituler devant la coalition des producteurs indigènes et de maintenir le tarif général de 1816, aggravé, porté au maximum par des lois successives.

Le traité de 1860 avec l'Angleterre, effaçant ce qu'il y avait d'anormal dans notre tarif général des douanes, vint donner à la production nationale un essor vraiment prodigieux.

Ce traité, qui n'eût pu jamais être conclu avec l'intervention des Chambres dans lesquelles les intérêts prohibitionnistes étaient dominants, ne dut son existence qu'à l'initiative personnelle de l'Empereur, investi par la loi de pouvoirs suffisants pour réaliser cette réforme.

M. Rouher a eu la gloire d'attacher son nom à ce grand acte, et nous pouvons nous-même, avec M. Émile Pereire, revendiquer, comme un titre précieux de famille, l'honneur d'y avoir concouru.

Le caractère distinctif de ce traité fut l'abolition complète de toute prohibition, la suppression des droits sur les matières premières, base de toute production, et l'abaissement des autres tarifs ramenés à un taux maximum de 10 à 20 pour 100 de la valeur des produits à importer.

Les tarifs, de protecteurs qu'ils étaient, prirent ainsi le caractère de droits compensateurs ou de balance.

Toutefois, il est bon de dire que le traité avec l'Angleterre n'avait fixé que des principes généraux et *des maxima*, et que, postérieurement, les chambres de commerce ainsi que les principaux représentants des diverses branches d'industrie furent consultés dans une enquête approfondie pour arrêter les détails d'un tarif conventionnel qui devait servir de base aux traités à conclure avec les diverses nations.

En 1876, alors que les traités avec l'Angleterre et les autres puissances touchaient à leur terme, le Gouvernement crut devoir consulter le Conseil supérieur du Commerce et de l'Industrie sur les bases de l'établissement d'un nouveau tarif général des douanes.

Le meilleur éloge qu'on puisse faire du Tarif conventionnel de 1860, c'est qu'il a été considéré par ce Conseil, dans lequel figuraient bon nombre de protectionnistes, comme devant devenir la base du tarif général à établir; comme le point

2

de départ des abaissements nouveaux à consentir dans le renouvellement des divers traités de commerce.

En effet, depuis la conclusion du traité de 1860 avec l'Angleterre, de grands progrès se sont accomplis dans l'industrie; les merveilleux résultats qui ont été obtenus sont trop connus pour que nous ayons à les analyser ici : nos exportations n'ont cessé d'augmenter, et, malgré les désastres inouïs que la France a supportés en 1870 et 1871, malgré la guerre, malgré la Commune, elle occupe encore une des premières places parmi les nations industrielles et commerciales. Le bon marché anglais, si redouté de nos industriels, a trouvé une barrière infranchissable dans le goût, la perfection et l'excellente qualité de nos produits. Et c'est parce que chaque pays a son génie, ses facultés spéciales, ses produits particuliers, que le libre échange apparaît comme une des nécessités impérieuses de l'harmonie économique universelle.

La constatation officielle des résultats et des progrès obtenus sous l'influence du traité de 1860 est un fait considérable dont on ne saurait se dissimuler l'importance.

On verra, néanmoins, que les décisions du Conseil supérieur du Commerce ne répondent pas à l'esprit libéral qui animait la plupart de ses membres, et que ceux-ci n'ont que trop cédé à l'influence malheureuse des protectionnistes.

Ce Conseil ne s'est pas borné à envisager le nouveau tarif général dans ses rapports avec l'industrie nationale au point de vue de la protection que pouvaient réclamer certaines de ses branches, il a fait une excursion sur le terrain financier.

C'est ainsi que certains droits, celui de la houille en particulier, ont été reconnus comme sans valeur pour la protection de notre industrie, et n'ont été conservés que dans l'intérêt du Trésor, à titre purement fiscal.

Le Conseil supérieur du Commerce n'avait point qualité pour intervenir dans le règlement de dispositions purement budgétaires; il doit être, par conséquent, considéré comme incompétent pour émettre utilement un avis en pareille matière.

S'inspirant des idées de ce Conseil, constatées dans des rapports lumineux, mais rédigés nécessairement à des points de vue spéciaux, le Gouvernement a dressé définitivement le projet d'un nouveau tarif général, qui a été soumis à la sanction législative avant la dissolution de la Chambre des députés.

Ce tarif, qui n'a pu être discuté, constituera la véritable Charte industrielle de la France. Il intéresse au plus haut degré l'ensemble des producteurs, des manufacturiers et des commerçants, en raison de l'influence qu'il devra exercer sur la direction du travail national et sur le développement de nos relations commerciales. A ce point de vue, il méritait l'attention la plus sérieuse de nos représentants, et ce n'est pas sans un profond étonnement que nous avons vu l'indifférence avec laquelle il a été accueilli par l'ancienne Chambre des députés.

Nous croyons inutile de faire une critique de détail des divers articles de ce tarif. Cette critique viendra d'elle-même, au cours de ce travail, dans les chapitres où seront traitées les questions relatives à la houille, aux fers, aux cotons et aux sucres. Ce qu'il importe de rechercher en ce moment, c'est l'esprit qui a présidé au remaniement du tarif de 1816;

Nous lisons, dans l'exposé des motifs du projet de tarif

général, sous la signature du précédent ministre de l'Agriculture et du Commerce, les considérations suivantes :

« Les traités de commerce ont réglé nos rapports avec la
« plupart des grands États qui nous entourent, mais ils n'at-
« teignent pas nos relations avec les pays lointains, qui ont
« gardé vis-à-vis de nous leur entière liberté. Nos rapports
« avec ces derniers restent subordonnés au régime de protec-
« tion exagérée qui était en vigueur au commencement de ce
« siècle. »

Le Gouvernement reconnaît avec raison la nécessité d'améliorer dans un sens plus libéral nos rapports avec les États qui ne sont liés par aucun traité spécial avec la France.

Il est évident que, la vapeur ayant supprimé les distances et donné aux échanges un immense essor, il convient de faciliter l'approvisionnement du travail national sur les marchés les plus éloignés de l'ancien et du nouveau monde. Rien ne nous paraît donc plus utile que l'établissement de ce nouveau tarif général, sur les bases du traité de commerce conclu en 1860 avec l'Angleterre.

Nous ne saurions trop approuver cette déclaration de principes, mais il n'y avait pas là un motif suffisant pour expliquer la nécessité de la révision de l'ancien tarif; d'autres raisons plus générales et plus sérieuses pouvaient être invoquées en faveur de ce remaniement.

M. le ministre de l'Agriculture et du Commerce, passant en revue toutes les phases de notre système douanier, en esquissé la critique avec une grande fermeté, avec la conviction profonde que le libre échange était appelé à élever la fortune industrielle de la France; que l'application de ce régime sur une vaste échelle était tout aussi favorable aux producteurs qu'aux consommateurs. On retrouve dans ce document les grandes traditions économiques ; malheureusement les conclusions ne sont pas en rapport avec les prémisses, et portent la trace de la pression exercée par les protectionnistes, des efforts qu'ils ont faits et qu'ils font encore pour immobiliser notre politique commerciale, ou pour la ramener aux errements dont le traité de 1860 avait fait justice.

Ainsi, tout en reconnaissant la convenance qu'il y aurait à admettre la houille étrangère en franchise comme le lin, le chanvre, la laine, la soie, le coton, les graisses animales, etc., etc., l'ancien ministre du Commerce propose, dans un intérêt purement fiscal, le maintien des droits actuels sur la plus importante de toutes les matières premières, sur celle qui doit être considérée comme le pain des machines.

Dans le même intérêt, et pour compenser le déficit qui pourra résulter de la suppression de l'impôt sur les briques, les tuiles, les huiles et les savons, il aggrave ou établit à nouveau des droits sur le gibier, les volailles, les tortues, les œufs, le beurre, le fromage et le miel, sur les poissons d'eau douce, les huîtres, les oranges et autres objets analogues, sur les viandes fraîches encore, et cela au moment où de nouveaux efforts sont tentés avec quelque succès pour en apporter des rives de la Plata et de l'Amérique du Nord. On doit être véritablement affligé et se sentir humilié de cette inquisition jalouse et des petits moyens employés pour taxer l'alimentation publique, et par conséquent la restreindre, de ce grappillage indigne d'une grande nation, et qui ne procure au Trésor qu'une mince recette de 9 à 10 millions par an !

M. le ministre du Commerce constate la tendance bien prononcée qui s'était manifestée dans le sein du Conseil supérieur en faveur d'un abaissement de droits sur les fontes, fers et aciers, et il n'hésite pas à reconnaître les graves inconvénients que présente le système des admissions temporaires, mais il n'en conclut pas moins au *statu quo*, ratifiant ainsi une décision qui ne se justifie à aucun titre.

Le *statu quo* a été également conservé pour le régime des sucres, bien que la fabrication indigène comme celle de nos colonies, ruinée par l'exagération des droits actuels, exigeât impérieusement un remède prompt et énergique.

Le ministre conclut enfin, comme le Conseil supérieur, à la majoration d'un décime sur tous les droits du tarif des fils de laine et de coton, pour tenir compte tant de la concurrence dont l'Amérique nous menace, que pour compenser les charges qui pèsent sur l'industrie des textiles, par suite du prix élevé des houilles, des machines à filer, des fers et des autres objets de consommation.

Il est proposé encore de substituer les droits spécifiques aux droits *ad valorem*, pour la seule facilité de la perception.

On s'efforcera sans doute de calculer cette transformation de telle sorte que les droits soient absolument les mêmes dans les deux systèmes ; toutefois, cette exactitude sera difficile à obtenir et, dans tous les cas, l'importance des droits se dissimule plus facilement sous le régime de l'évaluation au poids que sous le régime actuel : leur exagération n'apparaît pas aussi clairement à tous les yeux.

Nous nous méfions donc de ce changement, et, comme le rat de la fable, nous serions tentés de nous écrier :

Ce bloc enfariné ne me dit rien qui vaille.

Il est un autre inconvénient à cette modification : c'est que, sous le nouveau régime préconisé, les marchandises fines ou de luxe se trouveraient favorisées au détriment des marchandises communes à l'usage du pauvre.

Ajoutons que les prix de revient tendant constamment à baisser, les droits doivent éprouver un abaissement correspondant, ce qui n'arriverait pas sous le régime de l'évaluation au poids, qui est une mesure absolue et invariable.

Les prétentions des protectionnistes sont aujourd'hui d'autant plus vivaces qu'ils se sentent sérieusement menacés ; ces prétentions constituent un véritable danger pour la prospérité de la France ; il importe donc de les discuter à fond, et de dissiper les erreurs qu'ils cherchent à propager.

L'une d'elles consiste à affirmer que l'introduction de produits similaires à ceux qui sont fabriqués en France priverait de salaire un grand nombre d'ouvriers dans une proportion correspondante, et qu'elle diminuerait la production, partant, la richesse du pays.

L'histoire des seize dernières années a montré surabondamment que les facilités données, par l'abaissement des tarifs, à l'importation des marchandises étrangères ont eu, au contraire, pour résultat d'augmenter l'importance de nos exportations, et que, loin de diminuer le travail national, elles lui ont donné un nouvel essor, en même temps que les produits étrangers et par suite les produits similaires du pays étaient obtenus à des conditions plus avantageuses.

La France a travaillé davantage, et s'est procuré à meilleur marché les objets nécessaires à sa consommation, et cette consommation, en se développant, a permis, à peu d'exceptions près, de donner le même aliment à celles de nos industries qui ont été soumises à la concurrence étrangère.

On pourra suivre, dans le tableau du commerce extérieur placé à la suite de ce chapitre, le développement extraordinaire que ce commerce n'a cessé de prendre depuis la réforme de 1830.

Ainsi, M. Émile Pereire constatait, dans une brochure remarquable dont il sera question plus loin, que, dans la période de 1861 à 1868, ce commerce s'était accru de 17 milliards relativement à la période des huit années antérieures, de 1853 à 1860 ; ce mouvement s'est continué dans les huit années suivantes de 1869 à 1876. Le commerce extérieur de la France s'est encore accru, pendant cette période, de plus de 12 milliards, c'est-à-dire de plus de 1500 millions par an.

Le progrès sera plus sensible encore en comparant les trois chiffres suivants :

En 1853, le chiffre réuni des importations et
des exportations ne montait qu'à. . 2,737,983,000
En 1861, il avait progressé jusqu'à. 4,368,588,000
En 1876, il s'est élevé à. 7,520,065,000
Soit entre 1853 et 1876 une augmentation de 4,782,082,000

La vérité, et c'est là l'unique cause de l'opposition que rencontre le principe de la liberté commerciale, c'est que l'introduction des produits étrangers limite les profits du privilége ; mais il est incontestable qu'elle procure à l'ensemble des consommateurs, c'est-à-dire au plus grand nombre, des avantages importants dont ils sont privés sous le régime de la protection.

Les bras ne manquent pas d'emploi en France ; les forces

de toute nature sont, au contraire, complétement insuffisantes pour satisfaire aux besoins d'une prospérité croissante ;
ce qui le démontre, c'est le nombre de plus en plus grand de
machines et d'outils que l'industrie utilise chaque année
pour augmenter sa puissance de production, sans nuire à la
hausse des salaires

D'ailleurs, d'après la loi générale des échanges, les produits ne se paient qu'avec des produits ; J.-B. Say a donné
une démonstration péremptoire de ce fait économique, que le
bon sens, du reste, avait de tout temps pressenti, car il est
évident qu'on ne peut acheter aucun objet sans le payer.

Conséquemment, nous ne pouvons tirer des objets de l'é-
tranger sans en acquitter le prix avec les produits de
notre travail.

On a beaucoup argumenté sur les différences que peut
présenter dans une année prise isolément la comparaison du
chiffre des importations avec celui des exportations.

Ces différences varient souvent, d'une année à l'autre, dans
de grandes proportions.

En 1865, les exportations ont dépassé les importations de
446,569,000 francs, tandis qu'en 1871 la France a importé
684,173,000 francs de plus qu'elle n'a exporté ; mais, au bout
d'un certain nombre d'années, ces différences se compensent et
finissent par s'effacer complétement.

Ainsi, de 1861 à 1876, les importations ont
atteint le chiffre total de. 49,064,535,000

Pendant la même période, le montant total
des exportations s'est élevé à. 49,061,021,000

Soit une simple différence de.   3,514,000

ou moins de 220,000 francs par an, ce qui représente à peine le montant des erreurs d'évaluation.

La démonstration est absolue.

Les différences qu'on observe dans certaines années s'expliquent par les ouvertures de crédit que se font réciproquement les négociants ou banquiers français et étrangers, ou par les règlements de soldes qui s'opèrent en matières d'or et d'argent ou en espèces. Les métaux précieux que nous possédons ont été payés eux-mêmes avec les produits d'un travail antérieur.

Il n'est donc pas vrai que les importations de marchandises étrangères puissent à un degré quelconque priver de travail les ouvriers français; ce travail peut changer de nature, mais il augmente toujours sous le régime de la liberté; sous ce régime, on ne peut prévoir de réduction que sur la partie illégitime des bénéfices réalisés aujourd'hui par les manufacturiers qui exploitent les industries protégées.

Le système protecteur, au delà de certaines limites temporairement nécessaires, appauvrit la nation en lui faisant payer les objets fabriqués en France au-dessus de leur prix naturel; il sert à maintenir une situation anormale des plus dommageables, ainsi que l'Amérique en fait en ce moment la dure expérience; car c'est à l'abus du système protecteur, qui a malheureusement prévalu depuis la guerre de la sécession, à l'élévation des prix qui en a été la conséquence pour les objets manufacturés, que l'on doit attribuer la grève formidable qui a éclaté dernièrement dans ce pays. Cette révolte du travail est la conséquence directe de l'insuffisance des salaires par rapport à la cherté artificielle de la vie.

. Nous ne reviendrons pas ici sur la critique que nous avons faite des impôts de consommation ; cette critique s'applique particulièrement aux douanes, qui ne sont, comme nous l'avons déjà dit, que l'Octroi des frontières ; mais il est une autre erreur économique qu'il importe de combattre, et qui consiste à considérer les droits de douanes comme un moyen de faire supporter par l'étranger une partie des charges publiques. Il n'en est rien : ces sortes de taxes n'ont pour effet que d'augmenter le prix des objets importés ; le poids en est supporté par le pays même au profit duquel elles sont perçues.

Les protectionnistes cherchent aussi à lier leur intérêt à celui du Trésor ; ces deux intérêts sont non-seulement distincts, mais ils sont souvent opposés : il importe donc de les séparer ; la réduction des taxes est, d'ailleurs, ainsi que l'a prouvé l'expérience faite chez nos voisins d'outre-mer, l'un des moyens les plus énergiques de l'augmentation des revenus publics.

Il faut absolument en finir avec ces vieux systèmes tant de fois condamnés par la logique, le bon sens et l'expérience. N'est-il pas humiliant, pour une époque comme la nôtre, de songer que tous nos tarifs de douanes sont supérieurs à ceux établis par Colbert, il y a deux cents ans, alors que ce grand ministre entreprenait la tâche de créer une industrie nationale ? Et comment ne pas considérer comme un véritable scandale la majoration d'un décime de tous les droits sur les filés dans le nouveau tarif général des douanes ? L'Angleterre n'acceptera jamais cette majoration que rien ne justifie ; si elle venait à l'accepter, ce qu'à Dieu ne plaise, elle n'accorderait aucune réduction à l'entrée de nos vins, l'une des productions les plus importantes du pays, et augmenterait peut-être les droits sur d'autres provenances françaises, le tout au profit de quelques riches industriels de Rouen.

Nous avons dit que le règlement du nouveau tarif des douanes constituait une des œuvres les plus importantes du moment. Avec un bon tarif général, les traités de commerce, dont nous ne méconnaissons pas l'utilité actuelle, n'apparaissent plus que comme un moyen de discussion avec les Gouvernements étrangers pour en obtenir les avantages correspondants à ceux qu'il est de notre intérêt de leur accorder, comme des expédients provisoires destinés à ménager la transition entre l'état de choses actuel et la liberté complète du marché telle qu'elle est pratiquée aujourd'hui en Angleterre.

C'est donc sur le nouveau tarif des douanes que devra se porter toute l'attention du Sénat et de la Chambre des députés; il importe que ce tarif soit aussi libéral que possible, et que, tout en respectant les intérêts actuels de l'industrie et du commerce, il ne perpétue pas les abus et les inégalités de traitement qui ont trop longtemps arrêté l'essor industriel de la France.

Dans ce but, les propositions de l'ancien ministre du Commerce devront être profondément modifiées, ainsi que nous l'indiquerons dans le chapitre suivant.

CHAPITRE II

MODIFICATIONS

AU PROJET DE TARIF GÉNÉRAL

Considérations préliminaires. — Infériorité de nos ports. — Le port de Marseille et le port de Gênes. — Doléances de nos industries. — Nécessité de réformer notre organisation industrielle et fiscale.

Aucune vue d'ensemble, il faut le reconnaître, n'a présidé au système de protection qui a été accordé aux diverses branches de notre industrie; on n'a fait que subir tour à tour dans l'établissement ou dans les modifications des droits protecteurs les influences dominantes du moment; il en est résulté que les faveurs ou les encouragements accordés aux uns ont été nuisibles aux autres, et que tous se sont autorisés de cette situation contradictoire et complexe pour perpétuer à leur profit les abus les plus choquants.

On a, en outre, mêlé si complétement la question de protection à celles de fiscalité, qu'il est impossible de toucher au système général sans porter atteinte aux intérêts du Trésor.

De là, le *statu quo* dont personne n'ose conseiller de sortir.

A la crainte d'enlever un revenu à l'État, en opérant une réforme, vient s'ajouter l'esprit de parcimonie toujours écouté lorsqu'il est question des intérêts matériels du pays, de dépenses utiles, nécessaires même au bon fonctionnement de l'industrie.

Et cependant il s'agit ici de ce qui constitue la vie même de la société, l'existence de tous ses membres.

Nous ne méconnaissons pas la nécessité des dépenses de la guerre à certaines époques, en ce moment surtout où nous avons à refaire nos armements; mais nous constatons que ces dépenses sont acceptées sans hésitation, sans discussion; on épuise pour elles, non-seulement toutes les ressources disponibles du budget ordinaire, mais on a encore recours à des crédits extraordinaires, et on y procède par la voie des émissions de bons du Trésor comme par celle des emprunts,

Il en est tout autrement pour les dépenses industrielles.

Nous touchons, il faut l'espérer, au terme des sacrifices que nous ont imposés les désastres de la guerre prussienne; le moment n'est plus éloigné où il sera possible de modérer nos dépenses militaires, pour reporter toute l'action gouvernementale sur l'amélioration de notre outillage industriel.

Les faits à l'appui des considérations qui précèdent sont nombreux.

Ainsi, par exemple, le pays a toujours attaché avec juste raison une grande importance au développement de notre marine.

Baignée par deux mers sur une étendue de côtes considérable, la France est admirablement située pour le commerce maritime ; on a, dans un but d'encouragement, créé la Caisse des invalides de la Marine, des soins particuliers ont été donnés à la formation des cadres de nos marins, et on s'est occupé avec sollicitude de leur avenir ; dans ce but, des primes ont été données à la pêche de la morue ; des subventions ont été accordées à la navigation à vapeur, et on a protégé le commerce national par des droits différentiels sur les pavillons étrangers, comme par des surtaxes d'entrepôt, au grand détriment de l'approvisionnement régulier et économique d'une foule d'industries, de celles du coton et des sucres en particulier.

On aurait donné une bien meilleure preuve de l'intérêt que l'on porte à la prospérité du commerce maritime, en supprimant une foule de droits de navigation, de quai, de pilotage ou autres, dont il est surchargé dans nos ports, et en y organisant les moyens les plus perfectionnés pour le chargement et le déchargement des marchandises.

A ce sujet, nous ne saurions mieux faire que de citer les passages suivants du rapport présenté par MM. Fernand-Raoul Duval et Balsan au Conseil supérieur du Commerce et de l'Industrie sur les résultats de leurs observations dans la mission qu'ils ont eu à remplir en Angleterre.

« L'outillage de ce pays est incontestablement supérieur au nôtre.

« Il est impossible de ne pas être frappé de la multiplicité « beaucoup plus grande des chemins de fer, et, en second » lieu, des services plus nombreux et plus efficaces qu'on en « sait tirer. — C'est moins peut-être le coût absolu des

« transports de marchandises qui est remarquable, que la rapi-
« dité et l'exactitude avec lesquelles ces transports sont effec-
« tués : ce qu'on peut résumer en disant que, sensiblement aux
« mêmes prix que ceux de la petite vitesse en France, on jouit
« en Angleterre d'avantages au moins égaux à ceux de notre
« grande vitesse, car, comme règle, des lieux souvent les plus
« éloignés du territoire, les marchandises sont expédiées et
« distribuées du jour au lendemain, comme nous avons pu le
« constater.

« Un autre fait dont, en visitant la Grande-Bretagne, on est
« vivement frappé aussi, c'est la supériorité de l'organisation
« des ports : partout, dans les plus petites localités, pour ainsi
« dire, tout est organisé pour la facile arrivée et la sécurité des
« navires; partout des bassins à flot, des docks et les installa-
« tions les plus perfectionnées pour le chargement, le déchar-
« gement, le transport et l'emmagasinage prompts et écono-
« miques des marchandises; il y a, il faut le reconnaître, un
« contraste affligeant sous ce rapport avec la plupart de nos
« ports de commerce, et une infériorité pour nous qu'il im-
« porte de faire disparaître le plus tôt possible. »

Si de cette peinture de l'état des ports de l'Angleterre,
de la supériorité de leur outillage et de leurs aménage-
ments, nous passons à l'examen des nôtres, nous ne pouvons
nous dissimuler qu'il y a lieu de s'affliger de l'état de
délaissement et de l'abandon relatif dans lequel ils se trouvent.

N'est-il pas scandaleux, par exemple, de voir que l'un des
premiers ports de France, Marseille, soit privé d'une gare
maritime de chemin de fer, et que les lignes si prospères
qui y aboutissent aient leur gare placée sur le haut d'une
montagne, à quelques kilomètres de la ville ?

Et, chose digne de remarque, il ne s'agit pas ici d'exigences en dehors des obligations de la Compagnie des chemins de la Méditerranée.

L'état de choses actuel n'a subsisté, jusqu'ici, que par la tolérance de l'administration des travaux publics, à l'égard de cette Compagnie qui, au mépris de la loi, d'une loi votée en 1863, n'a pas encore exécuté l'embranchement qu'elle s'était engagée à construire pour se rapprocher de la mer, et a fait ainsi avorter le projet d'une gare définitive également édictée par la loi ; cette tolérance abusive ne peut s'expliquer que par l'influence d'un regrettable esprit de corps, d'une camaraderie qui s'est exercée ici de la manière la plus dommageable pour de grands intérêts publics.

Que l'on s'étonne, après un pareil exemple, de la concurrence redoutable qui est faite à notre commerce par le port de Gênes !

Le port du Havre est aussi dans une situation d'infériorité déplorable vis-à-vis du port d'Anvers, dont la prospérité croissante contraste étrangement avec l'état de décadence de l'un des ports français qui, par son heureuse situation près de Paris, devrait être appelé au plus grand développement.

On aurait donné au commerce maritime un témoignage d'intérêt plus grand encore, en traitant avec les Compagnies de chemins de fer qui desservent nos principaux ports, pour l'abaissement de leurs tarifs, et en exigeant d'elles en même temps une plus grande célérité dans leur service.

En ce qui touche les tarifs, c'est la solution contraire qui a prévalu sous le ministère néfaste de M. Pouyer-Quertier ; on a imposé la petite vitesse.

Hâtons-nous d'ajouter que cet impôt malencontreux va bientôt disparaître.

Il eût été facile de donner une juste satisfaction aux doléances de l'industrie du coton et de la laine en supprimant ces droits de navigation, ces surtaxes d'entrepôt, en améliorant l'outillage de nos ports, et en étendant à la houille le système de franchise à l'entrée des matières premières inauguré en 1860.

On a préféré établir et conserver des droits d'entrée excessifs sur les similaires étrangers, et livrer ainsi les classes laborieuses à l'exploitation de certains manufacturiers habiles à profiter de l'état vicieux de notre organisation industrielle et fiscale.

Les mêmes observations s'appliquent à l'industrie des fers et à d'autres encore.

Toutes ces industries souffrent de la cherté de la vie produite par les charges d'octroi et par celles des impôts de consommation.

Un pareil état de choses donne le secret de la résistance acharnée des protectionnistes à tous les projets de réforme, et de leur opposition victorieuse à ces projets qui n'ont jamais été présentés qu'isolément.

Ils crient alors, et avec quelque apparence de raison, à la ruine, au chômage dont ils seraient menacés, eux et leurs ouvriers, par des réductions de droits qu'ils appellent compensateurs, et qui ne seraient pas accompagnés d'une amélioration correspondante dans leur situation; l'intérêt du Trésor étant en jeu, tout le monde s'incline et se résigne au maintien d'une situation regrettable.

La question des modifications à apporter au tarif général se lie donc intimement à l'état de nos finances et aux moyens dont nous pouvons disposer pour donner à la fois satisfaction aux besoins de la consommation et aux intérêts des industries protégées, en compensation des sacrifices qu'il est nécessaire de leur imposer.

Nous allons examiner en détail la situation des principales industries placées dans le domaine de notre régime douanier ou fiscal.

CHAPITRE III

LA HOUILLE

Importance sociale de la houille. — Production de la houille en France et dans les États voisins. — Mines d'Anzin. — Moyens de développer nos industries houillères.

La houille est la matière première par excellence; c'est elle qui produit la vapeur et anime les machines ; c'est cette force que pressentait Aristote quand il disait avec un sens prophétique : « Si la navette et le ciseau pouvaient marcher « seuls, l'esclavage ne serait plus nécessaire. »

La houille n'a pas seulement contribué, comme l'aliment des machines, comme le générateur de la vapeur, à tirer les classes inférieures de l'état misérable où elles étaient plongées alors qu'elles avaient à pourvoir par un dur labeur aux nécessités de leur existence et aux besoins des classes supérieures; son emploi fécond en résultats a favorisé puissamment l'essor des nations modernes et a permis à d'immenses agglomérations de vivre avec aisance sur un espace limité. C'est ainsi qu'a pu s'augmenter la population de la France, qui compte aujourd'hui 36 millions d'habitants, de l'Angleterre, qui en compte 32.

Sans le charbon, tout s'arrêterait, un silence de mort succèderait au mouvement créateur des productions nécessaires à l'homme, et des jouissances que procure la civilisation.

Quelques esprits chagrins ont essayé parfois de calculer l'importance de nos richesses minières et de supputer en combien d'années elles pourraient être épuisées.

Ces calculs pessimistes n'ont pas laissé que de causer un certain effroi dans les pays même les plus riches en charbon, tels que l'Angleterre.

Fort heureusement, ils manquaient d'exactitude et, comme l'on dit vulgairement, nous avons tout le temps de penser au moyen par lequel ce précieux minerai pourra être remplacé après une longue suite de siècles.

Ce coup d'œil inquiet jeté sur l'avenir n'en fait pas moins apprécier l'importance que l'on doit attacher à la production et à l'usage de la houille.

La houille n'est pas seulement la force motrice de l'industrie, elle sert encore à l'éclairage et au chauffage et répand ainsi, dans nos demeures comme dans nos villes, des bienfaits inappréciables. Source de feu et de lumière, sa chaleur et sa flamme sont la joie du foyer domestique et de la cité.

Les produits de la distillation de la houille sont en outre nombreux et variés.

On en tire le goudron qui sert à la préparation et à la conservation des bois, le brai à l'aide duquel on agglomère les charbons menus provenant des déchets de l'exploitation des mines ; des huiles lourdes qui sont employées au graissage, et enfin des essences, les matières premières de ces brillantes couleurs dont le secret semblait perdu et dont l'apparition a produit une véritable révolution dans la teinture de nos belles étoffes ; ces substances nouvelles si parfaites remplacent le quercitron et la graine de Perse qui produisent les diverses nuances de jaune, la garance qui donne le rouge, le violet et le noir, la cochenille qui donne le ponceau, le prussiate et l'indigo qui donnent le bleu, etc., etc. Enfin l'acide phénique, qui joue aujourd'hui un si grand rôle dans l'hygiène et dans la médecine, est encore un des produits de la distillation de la houille.

M. le ministre de l'Agriculture et du Commerce reconnaît comme nous l'importance de la houille et s'exprime ainsi à ce sujet :

« S'il y a au monde une matière nécessaire à l'industrie, « c'est incontestablement la houille. Comment dès lors ne pas « lui appliquer le principe en vertu duquel la généralité des « matières premières sont admises en franchise de tout droit « de douane ? »

Il déclare en outre qu'il est difficile de trouver un argument solide pour défendre le maintien des droits actuels.

Le Conseil supérieur du Commerce et de l'Industrie avait émis avant lui la même opinion sur l'utilité qu'il y aurait à les faire disparaître, sans qu'on pût être taxé d'injustice à l'égard d'une industrie qui, par la prospérité dont elle jouit, n'avait besoin d'aucune protection.

Une seule considération, celle de l'intérêt du Trésor, pouvait contre-balancer ces opinions libérales. C'est cet intérêt qui a prévalu et qui a paralysé ainsi les meilleures dispositions.

Il ne s'agit cependant que d'un impôt produisant un maigre revenu de 9 à 10 millions; mais cet impôt se trouve aggravé par la surélévation des prix que cette protection permet aux exploitants des mines de prélever sur l'ensemble des consommateurs; tout autre impôt aurait été par conséquent préférable à celui-ci.

M. Fernand-Raoul Duval, en sa qualité de producteur de houille, s'exprimait ainsi dans la Commission avec une libéralité d'esprit dont nous ne saurions trop le louer :

« L'état de l'industrie houillère en France est certainement « des plus prospères, c'est un fait incontestable. Il suffit de « voir, pour s'en convaincre, les produits et le cours des actions « de la plupart de nos Compagnies houillères.

« Ceci dit, je déclare que je ne m'oppose pas au maintien du « droit actuel sur les houilles à titre de droit fiscal; mais, si ce « droit devait être considéré comme une protection accordée à « la production de la houille et invoqué comme créant des « droits à la protection par d'autres industries, je ne ferais « aucune opposition à la diminution ni même à la suppression « de ce droit. »

D'autres membres du Conseil, au nom de l'intérêt des villes de Saint-Étienne, de Reims et de Bordeaux, demandaient la suppression complète du droit.

Mais l'intérêt du Trésor s'opposant à cette suppression, il fut constaté au procès-verbal, sur la demande de M. Alexandre Léon, que tout le monde était d'accord pour ne reconnaître à ce droit qu'un caractère purement fiscal; les producteurs houillers déclarèrent eux-mêmes qu'ils ne se ralliaient au maintien du droit que pour ne pas porter atteinte aux revenus du pays.

Ce caractère exclusivement fiscal attribué au maintien du droit sur la houille étant ainsi bien constaté, la discussion pourrait être close, et il ne nous resterait qu'à indiquer le moyen de remplacer un impôt contraire à tous les principes, qui entraîne avec lui, au profit de quelques exploitants de mines, des charges accessoires nuisibles au développement de l'industrie, qui sert de prétexte, enfin, pour réclamer le maintien de la surélévation des droits protecteurs.

Nous renvoyons, pour la solution de ce problème, aux derniers chapitres de ce travail.

Mais nous n'aurions pas accompli notre tâche, si nous n'ajoutions pas quelques considérations sur la situation de cette industrie, soit en elle-même, soit par rapport à toutes les autres.

Et d'abord, constatons que la production de la houille indigène est insuffisante pour satisfaire aux besoins du pays, malgré les grands développements qu'elle a pris depuis une quarantaine d'années, c'est-à-dire depuis l'origine de l'exploitation de nos chemins de fer.

En effet, en 1845, avant l'ouverture du chemin de fer du Nord, cette production n'était que de. Tonnes 4.202.091 et elle s'est élevée successivement jusqu'au chiffre de . . . . Tonnes 17.000.000 en 1876, soit une augmentation de 12,797.909 tonnes.

Cette augmentation n'avait été dans le même nombre d'années, de 1814 à 1845, que de 3,322,000 tonnes.

Ce qui indique que la consommation de la houille ne s'est étendue en France d'une manière sensible que depuis l'établissement de nos chemins de fer, par l'effet de l'abaissement des frais de transport et des plus grandes facilités de circulation.

Cela se vérifie encore par l'accroissement de l'importation des houilles belges qui, de 1,350,000 tonnes en 1846, s'est élevée à 4,051,000 tonnes en 1876.

La consommation de la France étant de 24 à 25 millions de tonnes, il en résulte qu'on est obligé de demander à l'étranger 8 millions de tonnes environ, sur lesquelles il y a :

4,051,000 Tonnes fournies par la Belgique ;

2,900,000 — — par l'Angleterre ;

970,000 — — par l'Allemagne.

C'est ce qui donne lieu exactement à la perception des 9 à 10 millions au profit de l'État.

L'insuffisance de notre production n'est pas la seule cause de l'importation des houilles étrangères.

Cette importation est encore nécessaire pour se procurer des houilles spéciales qu'on est obligé de demander soit à la Belgique, soit à l'Angleterre, notamment pour les besoins de l'éclairage au gaz qui, par suite des réductions de prix résultant de l'abaissement des frais de transport des charbons sur les chemins de fer, a pris une si grande extension en France.

La Compagnie parisienne du gaz, réorganisée par nos soins au commencement de 1855 sur les bases actuelles, a vu, depuis cette époque, sa production de gaz s'élever de 38 milions de mètres cubes à 190 millions, et sa consommation de charbon de 125,000 tonnes à 650,000.

Le succès de cette entreprise, répondant à des besoins d'une utilité générale, a été inouï et n'a pas encore dit son dernier mot. Ceux qui en ont profité savent-ils à qui ils en sont redevables ? C'est douteux, mais ainsi va le monde de nos jours.

Cette Compagnie tire une partie de ses charbons, la plus faible il est vrai, de la Belgique et de l'Angleterre.

Il est bon de constater ici l'importance de la production de charbons des divers pays de l'Europe, ainsi que des États-Unis par rapport à celle de la France.

L'Angleterre   extrait 132,000,000 Tonnes.

L'Allemagne   —   45,000,000   —

Les États-Unis   —   41,000,000   —

La France   —   17,000,000   —

La Belgique   —   15,000,000   —

Notre production de charbon se trouvant limitée et ne pouvant d'ailleurs s'accroître que très-lentement par la nature même des choses, la protection qui lui est accordée n'est absolument d'aucune utilité pour son développement et ne saurait avoir pour effet de réduire la quantité de houille importée.

Un grand nombre de départements de la France sont d'ailleurs en dehors du rayon d'approvisionnement de nos bassins houillers.

Les ports de mer de l'ouest et du sud-ouest, comme le Havre, Nantes, Saint-Nazaire et Bordeaux, ne peuvent être régulièrement alimentés que par l'Angleterre, de même que les usines des Vosges ne le sont que par la Prusse, nos charbons ne pouvant arriver sur ces points à raison de la longue distance à parcourir.

D'autres départements sont alimentés par des bassins placés en dehors de la concurrence étrangère, comme ceux du centre : Commentry, le Creuzot, Blanzy, etc. ; du sud-ouest : Aubin, Decazeville et Carmeaux ; celui de la Loire : Saint-Étienne et Rive-de-Gier, et ceux du sud-est : Graissessac, Alais et la Grand'Combe.

Les mines du Nord et du Pas-de-Calais, bassin de Valenciennes, sont seules exposées à la concurrence belge ; seules, elles ont intérêt au maintien du droit protecteur.

Les prix du charbon sur le carreau des mines bien exploitées ne diffèrent pas essentiellement en France de ceux de la Belgique, de l'Angleterre et de la Prusse.

Les frais de transport sont un des éléments principaux des prix du charbon ; ces frais ont considérablement diminué depuis l'établissement de nos chemins de fer ; on peut en juger par la comparaison du prix du charbon qui, avant 1846, était de 40 fr., et qui n'est aujourd'hui que de 19 fr.

Ces frais arrivent cependant à égaler quelquefois, sinon à dépasser, les prix de revient, suivant l'éloignement plus ou moins grand des points à desservir.

Sous ce rapport, celles de nos exploitations houillères situées dans le rayon de concurrence, comme les mines du Nord et du Pas-de-Calais, sont néanmoins suffisamment protégées par leur situation privilégiée contre la concurrence étrangère.

Ainsi, la tonne de charbon du bassin de Charleroi coûte, en frais de transport, par rapport à celle des mines d'Anzin, 2 fr. 40 de plus par chemin de fer et 4 fr. de plus par canaux ;

le droit de 1 fr. 20 vient s'ajouter à ce supplément de frais.

La différence des frais de transport est moins grande pour le charbon de Mons, mais cet avantage est compensé par la qualité spéciale des charbons de ce bassin, lesquels obtiennent généralement à la mine un prix supérieur à celui des charbons du Nord et de Charleroi. Ainsi le *Tout renant* gras de Mons se paie à la mine 21 fr., et celui du Nord ne se paie que 16 fr.

Ces différences dans les frais de transport assurent, dans tous les cas, la fortune des mines d'Anzin et de celles du Pas-de-Calais.

Si l'on compare d'ailleurs la quantité de houille produite par la Belgique avec celle qu'elle nous fournit, et si l'on tient compte des besoins de cet État pour ses exploitations métallurgiques, on voit que nous n'avons pas à craindre une extension trop considérable de l'importation de ces charbons.

La situation des exploitations du Nord n'est-elle donc pas suffisamment favorisée par la distance, pour qu'on ait encore à y ajouter un droit protecteur de 1 fr. 20 ?

N'a-t-on pas fait assez déjà pour elles en les dotant d'un réseau de chemins de fer auquel elles sont redevables de la plus grande partie, sinon de toute leur prospérité ?

Cette prospérité, qui n'est pas contestable, n'a rien qui nous déplaise.

Nous la verrions au contraire avec plaisir, si nous ne consultions que nos sentiments personnels, car des liens de parenté nous unissent étroitement à une famille dont la fortune remonte à la découverte des mines d'Anzin; mais la possession des richesses minéralogiques qu'elles renferment est déjà un assez beau privilège sans y ajouter celui d'une protection inutile.

Pour apprécier la situation des mines d'Anzin, il suffit de rappeler que son capital est divisé en 288 deniers, et que ces deniers ont valu, en 1875, plus de un million deux cent mille francs l'un, soit pour l'ensemble des deniers un chiffre de 345 millions.

Ils ont baissé, à la vérité, depuis cette époque à 800,000 fr., et même au-dessous.

Cette entreprise, comme toutes les autres exploitations houillères, n'est redevable de son excellente situation qu'à l'établissement des chemins de fer et à la consommation abondante de charbon qu'ils ont faite, ainsi qu'au prix excessivement réduit de leurs transports.

Les dividendes qu'elle distribuait ne se sont élevés d'une manière sensible que depuis l'ouverture du chemin du Nord.

En 1870 et 1871, ils n'étaient encore que de 16 à 17,000 fr.

En 1872 ils avaient progressé jusqu'à. . ,   27,000 fr.

De 1873 à 1876 ils se sont élevés à . . . .   40,000 fr.

sans compter une distribution gratuite de trois actions des mines de Vicoigne-Nœuds par denier,

On a déjà distribué, pour le premier semestre de 1877, un dividende de. , , , , ,   27,000 fr.

La Compagnie des mines d'Anzin ne publie pas de comptes et n'en a même jamais rendu à ses actionnaires, qui acceptent ce silence pour ne pas divulguer le secret de leur fortune; elle se borne à déclarer les dividendes sans aucune justification.

L'abaissement du droit de 1 fr. 20 qui n'intéresse, comme nous l'avons vu, que les bassins du Nord et du Pas-de-Calais, n'aurait pas une grande influence sur les revenus de leurs exploitations par la raison que la plus grande partie des charbons qu'ils produisent se trouvent consommés dans ces départements, ou dans les localités voisines, par conséquent dans un rayon limité sur lequel la concurrence ne peut avoir aucune prise.

Mais qu'est-ce qu'une différence de 1 fr. 20 auprès des variations de prix auxquelles sont soumis les charbons?

Ces prix ont varié dans les dix dernières années :

En Angleterre, de 10 à 35 francs ;

En France, de 10 à 30 francs.

En 1876 et 1877, ils sont tombés à 10 francs et 12 fr. 50 à Cardiff; en France, dans le Nord et le Pas-de-Calais, à 14 francs et même à 12 francs.

Au surplus, cette réduction serait largement compensée par les grands avantages qui résulteraient pour nos exploitations houillères de la suppression des droits d'octroi dans les principales villes de France, et notamment à Paris, où le droit d'entrée sur la houille a été fixé au chiffre exorbitant de 7 fr. 50 ; à Rouen, où il est de 5 francs; on peut calculer l'influence qu'aurait un pareil dégrèvement sur le développement de la consommation et sur les bénéfices qu'en retireraient les industries houillères du pays.

La situation des Sociétés minières ne serait donc nullement atteinte par la suppression du droit d'entrée de 1 fr. 20 ; elle serait au contraire grandement améliorée par la suppression du droit d'octroi dans les villes.

Quant à la situation des fabriques qui sont situées dans les villes, on voit l'avantage immense qu'elles retireraient de la suppression des droits sur les charbons à nos frontières comme dans nos villes.

De quelque manière qu'on envisage la question, on voit que

la généralité des intérêts engagés dans l'industrie houillère n'aurait pas à souffrir de la suppression du droit d'entrée et que la réduction qui pourrait en résulter pour les charbons des mines du Nord et du Pas-de-Calais, réduction sans influence sur leur prospérité, serait largement compensée par la suppression des Octrois.

De nouveaux avantages pourraient être encore accordés à la houille, ainsi qu'on le verra dans le chapitre suivant.

———

CHAPITRE IV

FONTES, FERS ET ACIERS

L'âge du fer. — L'échelle de la civilisation. — L'industrie du fer
en France, son influence sur l'activité nationale. — Dangers de
la protection et du privilége. — Nécessité d'abaisser les droits. —
Compensations et encouragements à donner à l'industrie métallurgique.

I

Tous les êtres vivants ou inanimés, tous les objets que
l'homme utilise et transforme par son génie, viennent de la
terre qui est la mère et l'origine de toutes choses ; mais de tous
les aliments qu'elle fournit à l'industrie humaine, la houille
et le fer sont assurément les plus précieux.

Le fer, ce métal forgé pour la guerre, mais qui est aussi
l'instrument le plus fécond des œuvres de la paix, a donné
son nom à l'un des âges de la civilisation. Le jour où, après

s'être servi de la pierre, l'homme a pu se servir des ustensiles de fer, où il a manié la faux et la charrue, un immense progrès s'est accompli. Le fer a marché, pour ainsi dire, pas à pas avec la civilisation, dont il est la condition indispensable par ses nombreuses applications. On a peine à concevoir qu'un produit aussi nécessaire au fonctionnement économique de la société soit encore grevé de droits exagérés qui en restreignent la consommation.

Dans la campagne sur les matières premières qu'a faite autrefois M. Thiers, dans la défense qu'il a présentée des impôts de consommation, il allait jusqu'à prétendre qu'on pouvait mesurer le degré de civilisation d'une nation à l'importance des impôts de cette nature et il citait à l'appui de cette opinion l'exemple de la Turquie et celui de l'Angleterre.

Ces exemples étaient mal choisis.

En Turquie, où dominent les impôts indirects, la propriété foncière individuelle n'existe qu'à l'état le plus précaire; ceux qui la possèdent sont obligés, pour la plupart, de la mettre sous la protection des mosquées, afin de se préserver des effets de l'arbitraire, de leur en faire l'abandon, en se réservant une partie des fruits. Ce sont ces biens qu'on désigne sous la qualification de *Vacouf*.

Quant à l'Angleterre, on sait que la propriété féodale y subsiste encore avec toutes ses franchises, et que, en regard de cette constitution du sol, la fortune mobilière a pris une extension telle, que le législateur ne pouvait se dispenser d'en tenir compte dans les calculs des revenus publics et de recourir aux formes de l'impôt les plus variées.

Mais l'assertion de M. Thiers elle-même doit être considérée comme une contre-vérité, et on pourrait lui appliquer la formule du *quoique Bourbon* de M. Dupin, au lieu de celle du *parce que* des légitimistes relativement à l'avènement de Louis-Philippe au trône de nos anciens rois.

En cherchant ainsi à multiplier les taxes qui pèsent sur les classes laborieuses, à la décharge de celles qui vivent de leurs revenus sur une œuvre passée, M. Thiers était infidèle aux principes de sa jeunesse : il oubliait ce que, mieux inspiré, il avait dit autrefois, à l'occasion de la réduction des rentes, du rôle assigné à chacune de ces deux classes, de l'élévation successive des premières et de la décadence inévitable des secondes : « Celles-ci étaient condamnées, suivant lui, à « devenir continuellement plus pauvres, parce que le temps « les transportait avec la richesse d'autrefois au milieu d'une « richesse croissante et toujours plus disproportionnée à la « leur. Le capitaliste, ajoutait-il, avait le rôle de l'oisif, et il « devait voir diminuer continuellement ses consommations; « sa peine était l'économie, et elle n'était pas trop sévère. »

Ses idées et ses sympathies ne se seraient-elles pas modifiées avec l'âge et les milieux dans lesquels il a vécu successivement? Il y avait, en effet, un monde entre Jacques Laffitte et Casimir Périer, dont il a reçu tour à tour les inspirations.

La vérité est que la civilisation d'un pays ne se mesure ni à l'importance de ses impôts de consommation, comme l'a prétendu M. Thiers, ni à sa production de houille et de fer, comme l'ont avancé à tort quelques économistes; mais bien à la quantité qu'il consomme de ces deux agents de toute industrie. La houille et le fer sont, en effet, la force motrice, les matières premières, les instruments de tout travail agricole, manufacturier ou domestique; ils servent à la confection et à l'emploi de toutes les machines, de tous les outils à l'usage de l'homme; ils sont devenus, enfin, les éléments principaux, sinon exclusifs, de la construction et de l'exploitation des chemins de fer, l'un des plus puissants moyens qui aient été trouvés pour effacer les distances, rapprocher les hommes et échanger les produits de leur travail.

Cette définition est toutefois incomplète.

La quantité de houille et de charbon consommée par une nation est plutôt un indice de sa richesse que de sa civilisation.

L'échelle de la civilisation, au point de vue matériel, est marquée surtout par la répartition plus ou moins équitable de cette richesse entre toutes les classes de la société, de telle sorte que les inégalités, les différences entre le luxe et la misère, aillent s'amoindrissant et diminuent de plus en plus jusqu'à ce que la misère ait entièrement disparu, ce qui arrivera un jour, nous en avons la ferme confiance.

Mais tout se tient dans ce monde, et l'aisance chez les peuples, comme chez les individus, dépend aussi bien de l'éclat et de la puissance des beaux-arts, de l'avancement et de la diffusion des sciences, que des progrès de l'industrie; c'est en développant chez les classes inférieures l'amour du beau, l'instruction, le goût, les dispositions bienveillantes; c'est en cultivant leurs facultés intellectuelles, que l'on assurera leur légitime participation à tous les avantages sociaux; c'est là le but, la fin de la vraie politique, non celle des déclamateurs, des ambitieux et des courtisans de popularité, mais celle des hommes qui considèrent l'amélioration du sort des classes les plus nombreuses comme devant être l'objet de toutes les institutions sociales.

Mais s'il est vrai que la mesure de la civilisation d'une

nation, au point de vue matériel, peut être appréciée par la quantité de houille et de fer qu'elle consomme, il en résulte que pour augmenter cette consommation, il faut s'efforcer d'obtenir ces deux produits au meilleur marché possible.

Nous avons épuisé la question en ce qui concerne la houille; quant au fer, l'un des moyens les plus puissants d'en diminuer le prix consisterait dans l'abaissement des droits qui frappent son introduction en France; il importe toutefois que cet abaissement se fasse avec mesure, que les intérêts acquis soient respectés et qu'on ne puisse formuler aucun reproche fondé contre l'application de réformes reconnues nécessaires.

C'est dans cet esprit de justice et d'impartialité que nous allons entamer la discussion de nos propositions.

Nous y sommes malheureusement préparé par une longue expérience, car nous avons assisté aux débuts de l'industrie métallurgique en France; et, dans le cours de notre longue carrière industrielle, nous avons pu constater les diverses évolutions de cette industrie; nous en avons suivi les progrès non en simple amateur, en observateur désintéressé, mais en qualité de consommateur de ses produits, et l'un des plus grands, depuis l'établissement du chemin de fer de Saint-Germain, en 1835, jusqu'à celui des chemins du Nord, de Paris à Lyon, du Midi, de l'Ouest et de l'Est, à la construction et à l'exploitation desquels nous, Émile et Isaac Pereire, dont la mort même ne peut séparer les noms, avons pris la part la plus active comme directeurs, fondateurs ou administrateurs; sans parler de ceux à la création desquels nous avons concouru à l'étranger, particulièrement en Autriche, en Russie et en

Espagne; sans parler encore de l'établissement des lignes de bateaux Transatlantiques.

Placés sous les fourches caudines de la protection, nous avons eu à subir tous les inconvénients des premiers essais, et ils ont été graves : les rails étaient défectueux, les locomotives détestables, même celles du Creuzot, dont la fabrication atteint aujourd'hui une si rare perfection; les essieux des locomotives et des voitures, d'une mauvaise qualité, exposaient notre exploitation à des accidents dangereux; enfin, ceux des bateaux Transatlantiques que nous avons été obligés de construire en France ont dû être refaits à grands frais en Angleterre.

Les encouragements qu'on a voulu donner au travail national, mais qui n'ont, en réalité, profité qu'aux bénéficiaires des établissements protégés, nous ont coûté cher.

Nous avons vu le prix des rails varier de 420 fr. la tonne, qui était le prix primitif, à 350 pour le chemin du Nord, en 1846, et à 380 pour le chemin de Paris à Lyon, en 1847, par l'effet d'une coalition de maîtres de forges.

Les mêmes rails sont obtenus aujourd'hui à 180 fr. la tonne.

Grâce à la découverte de la fabrication de l'acier par les procédés Bessemer, les rails de ce métal, dont la durée est infiniment plus grande, pourraient être vendus aujourd'hui au-dessous de 200 francs la tonne.

En quelques années, la production de cet acier s'est élevée de 7 à 8,000 tonnes à 150,000, en 1873, et elle s'est encore étendue considérablement depuis cette époque.

La fabrication du fer a dû son développement et ses progrès aux immenses besoins qui sont nés de la construction des chemins de fer, à l'extension de ces voies et au bon marché auquel elles ont pu effectuer leurs transports.

Mais qu'il soit dit en passant, pour caractériser l'heureuse influence de cette grande industrie des chemins de fer sur l'activité nationale, que leur action ne s'est pas bornée au développement de l'industrie métallurgique; elle s'est étendue à toutes les branches d'industrie nationale :

A celle des entreprises pour les terrassements, les travaux d'art, ponts, aqueducs, tunnels et autres ouvrages;

A l'exploitation des forêts pour les bois et traverses;

A l'industrie des bâtiments pour les gares et stations;

Aux hauts-fourneaux et aux forges pour les rails, coussinets, chevillettes, aiguilles, plaques tournantes, etc;

Aux ateliers de construction pour les ponts en tôle, locomotives, tenders, machines fixes, pompes et outillage pour la réparation;

A la construction du matériel des voitures et wagons;

Ce qui a permis d'utiliser des armées d'employés et d'ouvriers de toutes conditions et de tous états : forgerons, maçons, charpentiers, menuisiers, peintres, serruriers, charrons, carrossiers, taillandiers, selliers et passementiers, sans parler des agents de l'exploitation qui se comptent par centaines de mille.

La révolution produite par la création des chemins de fer a été l'une des plus étonnantes qui se soient manifestées dans la vie des sociétés, c'était un organisme nouveau ajouté à leur mode d'existence.

Les effets ont été prompts et en quelque sorte immédiats; une aisance inconnue jusqu'alors s'est répandue dans toutes les classes; des bénéfices considérables ont été réalisés dans les hautes régions du corps industriel et de grandes situations ont été acquises par les principaux chefs ; mais l'industrie qui a le plus profité de ces heureux changements, qui en a retiré les plus grands avantages, est assurément celle de la fabrication du fer.

Nous croyons nécessaire à l'intelligence de notre sujet d'en retracer rapidement l'histoire et les progrès.

Sous la Restauration, l'industrie du fer était encore à son enfance ; la fabrication à la houille était presque inconnue, la fabrication au bois était seule pratiquée ; c'est pourquoi nos hauts-fourneaux et nos forges s'étaient établis à proximité des forêts, notamment dans les départements de la Marne et de la Haute-Marne, la Meurthe et la Haute-Saône, c'est-à-dire la Champagne et la Franche-Comté.

Aussi les mines de houille, tant en France qu'en Belgique, avaient-elles à cette époque une si faible valeur, que les plus riches mines des bassins de Mons et de Charleroi, ainsi que celles du bassin de Saint-Étienne et de Rive-de-Gier, nous nous en souvenons, étaient offertes à vil prix sans trouver acquéreur.

Le Gouvernement des Bourbons, qui voulait recréer une noblesse avec des apanages, avait encouragé cette industrie dans l'intérêt des propriétaires de bois, et à cet effet des droits absolument prohibitifs avaient été établis à l'introduction des fers étrangers.

D'après le tarif de 1822, ces droits étaient de 9 francs pour la fonte, de 27 fr. 50 pour le fer, c'est-à-dire, pour ce dernier produit, de 50 pour 100 supérieurs au prix même de revient auquel on l'obtient aujourd'hui.

Le travail national souffrait gravement d'un pareil état de

choses, tant à cause des frais élevés qu'il avait à supporter que parce que ses besoins ne pouvaient être satisfaits d'une manière suffisante.

L'Angleterre était dans une situation bien différente : la production du fer à la houille y était fort ancienne, elle y avait été établie dès 1729, pour la fabrication de la fonte et, en 1785, on y ajouta la transformation de la fonte en fer par le puddlage ; depuis cette époque, elle y avait pris de grands développements. C'est d'elle que nous est venue, ainsi qu'à la Belgique, l'introduction de ces procédés.

MM. Manby et Wilson, en France; John Cokerill, en Belgique, ont été les promoteurs de cette nouvelle fabrication.

Longtemps elle végéta, et de nombreux capitaux vinrent s'y engloutir.

M. Aguado, en particulier, perdit des sommes considérables dans les forges du Creuzot et dans celles de Charenton, près Paris.

Il en fut de même de divers autres établissements de même nature et notamment des forges de Châtillon, qui appartenaient au duc de Raguse.

Comme la houille, le développement de l'industrie du fer ne dut son essor et sa prospérité qu'à la création des chemins de fer.

MM. Schneider et Seillière, notamment, acquirent alors à très-bon compte les forges délaissées du Creuzot, et ils y ont fait une fortune considérable. D'autres établissements de même nature, placés sur des bassins houillers et favorisés par de bonnes voies de communication, ont enrichi leurs fondateurs.

Le Gouvernement de Juillet, appréciant les améliorations

introduites dans l'industrie métallurgique et se rendant aux justes réclamations qui lui étaient adressées de toutes parts, modifia à plusieurs reprises l'ancien tarif, malgré les doléances des maîtres de forges, doléances sans fondement, dont l'écho se fait encore entendre.

II

La lutte entre le système de la protection et celui du libre échange, sous le règne de Louis-Philippe, s'engagea avec plus d'ardeur que de succès, et se continua jusque sous l'Empire.

Quoique considérablement réduits par le Gouvernement de Juillet, les droits d'entrée du fer n'en étaient pas moins excessivement élevés; cet état de choses imposait à l'industrie, notamment à celle des chemins de fer, des charges intolérables au profit d'une classe privilégiée devenue riche et puissante.

C'est alors que, pénétré du danger de cette situation et des obstacles qu'elle opposait au développement des chemins de fer, le Gouvernement de l'Empire prit la résolution de conclure avec l'Angleterre le traité de 1860, dans lequel les droits d'entrée furent abaissés de 4 francs à 2 francs sur la fonte de 12 et même 16 francs, suivant les qualités, à 6 francs sur le fer, de 36 francs à 9 francs sur l'acier,

On a souvent fait entendre de vives plaintes au sujet d'un abaissement aussi radical, et les forges au bois lui ont attribué leur ruine.

Ces plaintes et ces accusations n'ont rien de fondé.

L'expérience a prouvé que cet abaissement était au contraire insuffisant, car sous l'empire de ce régime, il n'est entré, annuellement, que 40 à 50,000 tonnes de fonte sur une production de 1,380,000 tonnes, et que 12 à 20,000 tonnes de fer sur une production qui était de 903,000 tonnes en 1869, et qui, maintenant, quoique la perte de l'Alsace-Lorraine nous ait privés d'établissements de premier ordre, atteint 940,000 tonnes. Ainsi que l'a constaté avec juste raison M. Amé, notre habile directeur des douanes, l'industrie des fers est donc loin d'être malade.

Les forges au bois ont seules souffert, mais elles n'ont souffert que des progrès des forges au coke, du perfectionnement des produits ainsi obtenus, et de la concurrence qu'elles ont eu à subir à l'intérieur de la part de ces forges,

Cette transformation devait leur être fatale; mais le plus grand mal est fait aujourd'hui, et l'abaissement des droits ne pourrait nuire aux forges au bois, attendu que la qualité des fers qu'elles produisent est indispensable pour certains besoins, pour ceux de l'artillerie, par exemple, et que, pour ces usages spéciaux, on ne peut se laisser arrêter par des prix élevés.

Dans ces circonstances, les fabricants de bons fers au bois sont les maîtres du marché.

A l'appui de notre opinion, nous citerons les paroles de M. Alexandre Léon, déclarant, dans le sein du Conseil supérieur du Commerce, au nom des maîtres de forges au bois du sud-ouest, que les fers n'avaient pas besoin de la protection exagérée dont cette industrie jouit aujourd'hui et qu'ils ne souffraient que du commerce des acquits-à-caution.

Ceci nous amène à la question des admissions temporaires.

III

La France ne produit pas toutes les qualités de fontes et fers; il était nécessaire, pour les besoins de la construction des machines et d'autres ouvrages métalliques destinés à l'exportation, d'en demander à l'étranger. C'est ce qui a donné lieu aux admissions temporaires de fontes et fers étrangers, c'est-à-dire à leur introduction en franchise à charge de réexportation; par suite, à la spéculation des acquits-à-caution qui constataient le paiement provisoire de la taxe à l'entrée et le droit au remboursement à la sortie.

Nous ne nous attarderons pas dans la discussion de *l'équivalent* et de *l'identique*.

Il nous suffira de dire que la réexportation d'une quantité équivalente de fonte ou de fer a donné lieu à des abus qui ont amené, en ce qui concerne le fer, la restriction de la faculté d'admission temporaire à la réexpédition exacte de la quantité et de la qualité de fer introduit.

Il a dû nécessairement résulter de cette modification un ra-
lentissement dans les travaux qui s'exécutaient en vue de l'exportation.

Pour soutenir la concurrence de leurs produits avec l'étranger, nos constructeurs pouvaient bien supporter un droit
de 25 à 32 fr. 50, mais non le droit entier de 60 fr.; c'est ce
qui a donné naissance au principe des admissions temporaires,
qui ne sont que le correctif de droits trop élevés, et au commerce des acquits-à-caution, lesquels se sont vendus, pour les
besoins de l'exportation, de 27 fr. 50 à 35 fr.; ces chiffres sont
officiels, ils ont été déclarés par M. Amé, dans le sein du
Conseil supérieur du Commerce et de l'Industrie, et n'ont
point été contestés.

Or la différence de 25 à 32 fr. 50, qui restait entre les
mains de l'exportateur, après avoir touché le montant de
60 fr, des acquits-à-caution, est l'indice exact de l'écart normal qui existe entre l'Angleterre et la France pour les fers
au coke.

Ainsi, moyennant une prime d'exportation de 30 fr. en
moyenne, il est constaté que la France pouvait entrer en
concurrence avec l'étranger; et elle l'a fait avec un tel succès,
que l'introduction de nos fers en Allemagne y a produit une
baisse dont le Reischtag s'est ému, et que, pour s'en préserver,
il a été proposé d'établir des droits compensateurs à l'introduction des fers français.

Cette proposition, quelque fondée qu'elle pût paraître, n'a
pu cependant prévaloir dans la patrie du Zollverein.

Le prix de 30 francs, auquel nous demandons de réduire
le droit d'entrée sur les fers étrangers, nous paraît donc suffisamment protecteur.

Cependant le Conseil supérieur a non-seulement repoussé la réduction à 40 fr. proposée par M. Amé pour certains fers de qualité inférieure, mais encore celle à 50 francs, en moyenne, sur tous les fers.

Il a également maintenu le droit de 90 fr. sur les aciers, bien que sa commission, par l'organe de M. Gaston Bazille, proposât un abaissement à 60 francs.

Ajoutons cependant que, sur ces réductions, le Conseil s'est divisé en deux parties égales, quinze contre quinze.

Une décision qui n'a pu réunir de majorité ne saurait être considérée comme justifiée, et nous demandons formellement qu'elle soit écartée.

Ainsi que nous avons essayé de le démontrer, les considérations les plus puissantes militent au contraire en faveur de nos propositions.

En effet, la réduction à 30 fr. par tonne des droits sur les fers et les aciers, et à 10 fr. sur la fonte, équivaut presque encore à une véritable prohibition. Les protectionnistes le savent, mais ils continuent à lutter au nom de faux principes, et ne cèdent le terrain que pied à pied. M. Fernand-Raoul Duval a constaté, dans sa mission en Angleterre, que les prix du fer dans les deux pays ne différaient que de 15 à 20 fr. la tonne.

Nous sommes en mesure de prouver, par des chiffres incontestables, que l'industrie métallurgique française pourrait travailler presque à aussi bon marché que l'Angleterre, la Belgique et l'Allemagne.

Prenons, par exemple, l'industrie des rails d'acier, une des plus importantes, et qui intéresse à un si haut degré la construction et le développement de nos voies ferrées. Il a été conclu récemment, en Belgique, en Allemagne, d'importants marchés de ces rails, pour l'Espagne, au prix de 201 fr. la tonne, rendus à Santander.

Un marché de même nature a été conclu à Terre-Noire, près Saint-Étienne, pour des rails d'acier en destination d'Alicante, au prix de 206 fr. 25 la tonne, soit avec une simple différence de 5 fr. 25.

Pendant que l'usine de Terre-Noire vendait ses rails à l'étranger au prix de 206 fr. 25, elle les faisait payer 225 fr. au chemin de fer du Nord, par suite de l'absence de toute concurrence étrangère en France.

Enfin la Compagnie de l'Ouest a traité pour 45,000 tonnes de rails d'acier à fournir par tiers dans les années 1878, 1879 et 1880, au prix de 222 fr. 70.

On voit que, même à ces conditions, qui sont supérieures à celles des fournitures faites par la France à l'étranger, la différence avec les prix des marchés conclus par la Belgique, l'Allemagne et l'Angleterre, n'est que de 15 à 20 fr., ainsi que l'a constaté M. Fernand-Raoul Duval.

Les arguments que font valoir les maîtres de forges contre l'abaissement des droits portent sur la cherté de la houille et du minerai en France, par rapport à l'Angleterre, la Belgique et l'Allemagne.

Les prix de la houille et du minerai sont en effet choses très-importantes pour la fabrication du fer, car il ne faut rien moins que 2,000 à 2,500 tonnes de houille et 3 à 4,000 tonnes de minerai pour produire une tonne de fonte, et il faut 2,000 à 2,500 tonnes de houille pour transformer cette tonne de fonte en fer, et l'amener par le puddlage, le laminage et le martelage, à l'état de fer marchand, de rails, de tôles, etc.

Quant aux prix de la houille, on a vu dans le chapitre précédent qu'ils ne différaient pas sensiblement, sur le carreau de la mine, de ceux des trois pays que nous venons de citer, et, en ce qui concerne le minerai, on sait que ces pays s'approvisionnent, comme la France, pour une partie de leurs besoins, en Algérie et en Espagne. Notre importation de minerais de ces provenances est de 800,000 tonnes.

La France possède des ressources considérables en minerais de fer ; mais il existe beaucoup de gisements situés dans les montagnes, et notamment dans la Montagne-Noire, dans les Corbières et dans les Pyrénées (Aude, Pyrénées-Orientales et Ariége), qui renferment les qualités les plus recherchées aujourd'hui. Ces gisements attendent l'amélioration des moyens de transport pour être utilisés, et leurs produits en minerais viendront s'ajouter à ceux déjà si abondants des autres régions.

Les maîtres de forges prétendent encore que le loyer des capitaux est plus élevé en France qu'en Angleterre ; ce qui est inexact, en ce moment surtout, où le taux de l'escompte de la Banque d'Angleterre est supérieur de 1 % à celui de la Banque de France.

Les salaires enfin sont moins élevés en France qu'en Angleterre, où la durée du travail n'est que de 56 heures par semaine.

Quoi qu'il en soit, et, vu la difficulté d'établir une comparaison exacte entre les prix de revient des divers pays, si nous admettons que les nôtres sont supérieurs de 15 à 20 fr. par tonne à ceux de nos concurrents, on reconnaîtra que nous sommes fondé à demander que les prix de 10 fr. pour la fonte et de 30 fr. pour le fer et l'acier soient adoptés comme base du tarif général.

IV

Toutefois, ne voulant pas faire courir le moindre risque à notre industrie métallurgique, nous irons plus loin et nous demanderons en sa faveur une protection bien plus efficace encore que celle d'un droit d'entrée élevé.

Nous voudrions que pour développer toutes les branches du travail national dont le progrès est intéressé au bon marché de la houille et du minerai, le Gouvernement s'entendît avec les Compagnies de chemins de fer pour obtenir d'elles un nouvel abaissement de tarifs sur les houilles et le minerai.

Il n'y aurait pas là d'innovation ; c'est ce qui a déjà eu lieu au moment où, dans l'intérêt de la construction du 2me réseau par nos grandes Compagnies, le Gouvernement résolut de leur garantir un revenu minimum sur le réseau principal.

Il fut ajouté au tarif du cahier des charges une quatrième classe dans laquelle entraient les houilles et le minerai aux prix de transport suivants :

Jusqu'à 100 kilomètres, 0 fr. 08 par tonne et par kilomètre, sans que le prix puisse excéder 5 fr.; de 101 à 300 kilomètres, 0 fr. 05, avec maximum de 12 fr.

Au delà de 300 kilomètres, 0 fr. 04 par tonne et par kilomètre.

Il faudrait que ces prix fussent abaissés à 3 centimes en moyenne par kilomètre.

Cette réduction à 3 centimes en moyenne n'a rien d'excessif.

En Belgique, les transports de la houille et des minerais se font à des prix compris entre 2 et 3 centimes, et cela pour des distances de 100 kilomètres. Il en est de même en Allemagne.

Ces prix sont appliqués par la Compagnie du Nord, et ceux qui sont en vigueur sur le chemin du Midi se rapprochent beaucoup de cette moyenne.

Toutes les Compagnies de chemins de fer sont intéressées au bon marché du fer, soit pour leur usage ordinaire, soit pour l'extension de leurs réseaux, et elles l'obtiendraient par ces abaissements.

L'impôt malencontreux sur la petite vitesse a fait suffisamment apprécier l'importance du bon marché pour les transports de la houille et du fer, et, quant à son influence sur l'extension de notre réseau, notons, en passant, que, depuis 1860, l'étendue de ce réseau s'est élevée de 9,000 à 24,000 kilomètres

Cette extension n'est encore rien auprès de celle qu'on verrait se produire si on appliquait nos voies ferrées à la petite vicinalité pour satisfaire à tous les besoins de l'agriculture ; nous ne l'évaluons pas à moins de 50 à 60,000 kilomètres, et c'est vers l'exécution de ces travaux d'une si grande utilité qu'il faudrait diriger la plus grande partie de nos ressources disponibles.

Les Compagnies n'y perdraient pas, car les transports de houille et de minerai augmenteraient en raison de la réduction des tarifs ; néanmoins le Gouvernement, dans un intérêt général de protection pour l'industrie, ne devrait pas hésiter à garantir à ces Compagnies le produit qu'elles retirent aujourd'hui des transports de la houille, du minerai, de la fonte, du fer et de l'acier.

Ainsi se trouverait résolue, à la satisfaction générale, une question qui préoccupe vivement le Gouvernement, et qui intéresse à un si haut degré toutes les parties du corps industriel.

Quant aux intérêts du Trésor, ils seraient complétement sauvegardés, attendu que la réduction du droit à 2 fr. pour la fonte et à 30 fr. pour le fer entraînerait forcément la suppression des admissions temporaires.

Elles n'auraient plus de raison d'être, puisque ce prix de 30 fr. est celui que les maîtres de forges ou constructeurs consentent à payer sous le régime actuel pour les fers qu'ils introduisent moyennant la vente des acquits-à-caution à raison de 30 fr.

Or le Gouvernement, qui ne perçoit rien aujourd'hui sur les admissions temporaires, puisqu'il rembourse exactement à la sortie les droits qu'il a perçus à l'entrée, recevrait de ce chef 1,700,000 fr. sur 120,000 tonnes de fontes et de fers introduites aujourd'hui en franchise, en admettant que les quantités importées actuellement n'augmentassent pas, et il ne recevrait en moins que 350,000 fr., d'après le tarif que nous proposons sur les quantités de ces divers métaux qui acquittent actuellement les droits de douane.

Tous les intérêts se trouveraient donc conciliés, et on n'aurait pas ici à opposer l'intérêt fiscal comme une fin de non-recevoir à une réforme nécessaire.

CHAPITRE V

FILÉS ET TISSUS DE COTON

La féodalité industrielle, ses priviléges. — Ricardo. — Vice des impôts de consommation. — Importance de l'industrie des textiles. — Le *Roi Coton*. — Antagonisme regrettable des filateurs et des tisseurs. — Réformes nécessaires.

I

L'histoire des événements qui se sont déroulés dans le cours de ce siècle prouve qu'il est bien plus facile de faire des révolutions politiques, de renverser des gouvernements, que d'opérer dans notre organisation sociale des réformes reconnues nécessaires.

Les empires et les royautés se sont écroulés tour à tour, l'ancienne féodalité a complétement disparu, et celle qui lui a succédé est restée debout, avec ses priviléges, en pleine jouissance de tous les avantages qui en découlent.

L'explication de ce double phénomène est facile.

Pour renverser, il suffit de la colère d'un jour de masses suffisamment exaltées, tandis que pour corriger sérieusement les vices de l'organisation sociale, pour édifier à nouveau, il faut une longue persévérance ; il faut joindre la réflexion, le raisonnement, à la passion, cette force à laquelle rien ne résiste, qui peut produire à la fois le mal et le bien, mais qui, bien dirigée, enfanterait des prodiges.

La chute de l'ancienne féodalité avait été préparée par les efforts et les travaux des écrivains du xviii° siècle ; aussi le premier souffle de la Révolution l'a-t-il facilement renversée ; mais on n'avait rien fait pour la remplacer, et, depuis cette époque, c'est le hasard avec ses caprices, ses changements inattendus, ce sont les luttes acharnées de l'intérêt privé, qui ont présidé au classement des individus. Des priviléges d'une nature différente se sont substitués à ceux qu'on avait détruits, et le peuple comme toujours en a fait tous les frais.

Au budget de l'État, mal assis, incessamment grossi, développé dans des proportions démesurées, est venu s'ajouter un budget occulte, celui de la protection, dont les rouages compliqués ne permettaient pas d'en pénétrer facilement les secrets, d'en comprendre le fonctionnement ; des classes entières en ont vécu, elles en vivent encore.

Nous appelons féodalité, non les avantages de la fortune, mais la possession de priviléges qui donnent à une classe de la société la faculté de vivre plus ou moins complétement au détriment des autres, c'est-à-dire de retirer de la communauté des bénéfices artificiels qui ne sont pas le fruit direct, le fruit légitime du travail ou des biens acquis.

C'est une erreur de croire que les classes supérieures, qui devraient se composer, dans un état normal, des hommes les

plus moraux, les plus éclairés, les plus actifs, aient besoin
de priviléges pour exister et maintenir leur rang ; n'ont-elles
pas assez de la vitalité qui leur est propre, des bienfaits de
l'éducation, des exemples de la famille, de l'aisance des pères,
de l'hérédité d'un sang plus généreux ?

Voilà des priviléges de nature et de position plus sérieux,
plus effectifs que tous les autres ; ce sont les seuls vrais, car
ils sont l'expression de la volonté de Dieu qui a créé des différences entre les hommes, et qui leur a donné des aptitudes
diverses sans lesquelles il n'y aurait pas de société.

Nous n'en voudrions point d'autres, et si nous désirons que
les hommes placés au haut de l'échelle atteignent encore des
degrés supérieurs, c'est à la condition de tendre la main à ceux
qui sont au-dessous pour les élever à eux, ou les aider à
franchir successivement de nouveaux échelons.

Et c'est pour faciliter une meilleure distribution des
avantages sociaux, seul moyen de pacifier la société, de rétablir l'harmonie entre toutes ses parties, de fermer sérieusement
l'abîme des révolutions, que nous voulons modifier l'assiette
des impôts, afin qu'ils ne pèsent pas trop lourdement sur des
classes qui ne vivent que d'un travail dont le produit suffit
à peine à leur existence.

Un célèbre économiste anglais, Ricardo, recherchant les
sources auxquelles peut être demandé l'impôt foncier de manière à ne pas gêner le travail, a démontré qu'il ne devait
porter que sur le produit résultant des différences de qualité
des terres, sur ce qui reste au delà des frais de production ;
il en a conclu que les terres de qualité inférieure, celles
qui suffisent tout juste à la subsistance du cultivateur, ne
doivent supporter aucun impôt.

Il en est de même des dernières couches sociales; leur salaire suffisant à peine aux besoins de leur existence, ce qui leur est demandé à titre d'impôt est enlevé aux nécessités impérieuses de la vie, aux éléments réparateurs de leurs forces; c'est aussi autant d'enlevé à l'écoulement des produits naturels et à l'entretien des fabriques.

Ces classes malheureuses peuvent-elles supporter des taxes dont la dissimulation ne fait pas disparaître le poids accablant, et que la société elle-même, sous peine de périr par la base, est obligée de leur restituer, au moyen de la charité individuelle ou publique, par l'aumône privée ou par une taxe des pauvres, comme cela s'est pratiqué longtemps en Angleterre.

Le vice des impôts de consommation est précisément de frapper aveuglément les travailleurs les plus pauvres, et de rendre ainsi nécessaires, indispensables, les diverses institutions d'assistance publique.

Le droit au travail proclamé par M. Louis Blanc était, en dehors des moyens de l'assurer, un principe éminemment dangereux, un ferment de lutte et de discorde civile, une idée abstraite dépourvue de moyens d'exécution, qui n'a conduit qu'à la formation des ateliers nationaux, à la sédition et à la révolte.

Avant de proclamer un pareil principe, il aurait fallu étudier les moyens d'en rendre l'application possible, et c'est cette étude qui a complétement manqué.

M. Jules Simon, dans un de ses ouvrages, a fait le plus sombre tableau de la situation des classes ouvrières. Mais quel remède a-t-il indiqué? Ces doléances, sans conclusion, ne font qu'envenimer les plaies sociales qu'elles sont impuissantes à guérir.

II

L'existence des monopoles contre lesquels nous nous éle-
vons est l'un des plus grands obstacles au bon fonctionnement des sociétés, au développement de la production.

Nous croyons l'avoir démontré dans les pages qui précèdent,
mais nous sommes loin d'avoir épuisé la série des abus.

En tête du parti de la protection figurent les filateurs de
coton, sans qu'ils aient, peut-être, la conscience du rôle
qu'on leur fait jouer ; toujours est-il que rien ne se fait sans
eux. M. Pouyer-Quertier, chef de l'école, est de tous les
comités, de toutes les commissions. On le voit chaque jour
sortir des rangs, et défier toute l'armée libre échangiste.

Les protectionnistes de la houille et du fer ne sont rien auprès des filateurs ; ceux-ci sont les vrais combattants, leur
citadelle est Rouen, et, de là, ils dictent la loi à toutes les industries qui s'alimentent de filés de coton.

Mais en lisant les chapitres qui précèdent, ils auront pu se
convaincre que nous étions loin de vouloir leur ruine, que
nous nous étions, au contraire, constitué le défenseur des
améliorations nécessaires à la libre existence de leur industrie.

Quel est, en effet, le programme des tisseurs et des filateurs ?

Ils se plaignent, on l'a vu dans les délibérations du Conseil
supérieur du Commerce et de l'Industrie, du prix élevé du charbon, des fers et des machines à leur usage ; ils se plaignent
également de la cherté de la vie.

Or, qu'avons-nous fait, sinon cherché à leur donner satisfaction sur tous ces points?

L'adoption de nos propositions les plaçant dans les conditions les plus favorables, quelles raisons pourraient-ils allé-
guer en faveur d'une protection exagérée? Ne seraient-ils pas,
alors, en position de fabriquer aussi économiquement que
leurs concurrents étrangers?

Jusqu'ici, les réformes s'étaient produites isolément, sans
système, sans vue d'ensemble; il était, dès lors, facile de
les combattre, parce que, dans cet état, elles étaient incom-
plètes et insuffisantes; il n'en est plus de même lors
qu'elles forment un tout harmonique et se prêtent un mutuel
appui.

La difficulté de résoudre la question financière a toujours
été le véritable obstacle à toutes les réformes; c'est devant
cette difficulté considérée jusqu'ici comme insurmontable
qu'on se retranche ordinairement pour perpétuer les vices, les
abus du système protecteur. Cet obstacle étant écarté, toutes
les objections devraient disparaître.

Mais cela ne nous dispense point d'étudier à fond la question spéciale qui nous occupe.

III

De tous les produits que la terre nous fournit pour la satisfaction de nos besoins, il en est peu de comparables à cette laine
végétale, soyeuse et fine, qu'on appelle le coton. Dans les deux

continents, presque tous les hommes aujourd'hui, riches et pauvres, grands et petits, lui doivent leurs vêtements. Plus abondant que les autres textiles, moins coûteux et moins cher, même dans les pays où il ne peut être cultivé, le coton, par sa légèreté et sa souplesse, se prête à tous les usages, se plie à tous nos besoins ; il peut s'allier, dans les proportions les plus diverses, avec la laine, la soie, le lin et le chanvre ; il s'offre à la consommation sous les formes les plus variées, depuis la mousseline, CET AIR VISIBLE, jusqu'à l'épais tricot : bazin, nankin, piqué, velours, futaine, linge de table, percale, alicot, voile de navire, couverture de lit, toile d'emballage.

Les pays de grande production, ou de grandes manufactures de coton, ont atteint le plus haut degré de l'opulence. Dans les États-Unis, avant la guerre de la sécession, les planteurs du Sud, ivres de leurs richesses, proclamaient dans leurs palais la souveraineté du *Roi coton*.

Le cotonnier a été cultivé dès la plus haute antiquité (1) en Égypte et dans l'Inde ; mais c'est de nos jours seulement que l'industrie cotonnière, qui avait pris une certaine consistance, en Angleterre, sous Henri VIII, est devenue, par son développement, un fait social considérable.

Jusque vers la fin du dernier siècle, le cotonnier n'était guère connu, en Amérique, que comme plante d'agrément. En 1784, huit balles de coton expédiées en Angleterre furent saisies, sous le prétexte qu'une telle quantité ne pouvait avoir été produite aux États-Unis. On sait les immenses progrès de cette culture dans les États du Sud. La récolte du coton

(1) Le mot *Karpas*, employé dans Esther, désigne évidemment le coton. (Bible, édition Cahen, t. XVI.).

nettoyé s'est élevée, en 1849, à 2,445,793 balles de 400 livres;
en 1859, à 4,675,770 balles.

La guerre de la sécession est venue, dans l'hiver de 1860-
1861, arrêter cette exploitation, et elle a déterminé, en Angleterre, une crise formidable dont le souvenir n'est pas
encore effacé. Il a fallu provoquer, sur tous les points du
globe, un mouvement de production que des Sociétés particu-
lières, telles que la *Cotton Supply Association*, de Manchester,
ont encouragé par l'envoi de nombreux agents, par la distribution de semences et d'engins perfectionnés. La culture du
coton s'est ainsi développée dans toute l'Asie équinoxiale,
depuis l'Inde jusqu'à la Chine; le Brésil, la Jamaïque, ont
suivi l'élan. L'Italie s'y est associée. Les régions levantines,
où l'exploitation du sol est pourtant si arriérée, ont contribué
à l'approvisionnement de nos marchés. L'Égypte, qui, en 1859,
leur fournissait à peine 60,000 balles de coton, en a livré
230,000 en 1863, et 300,000 en 1864. L'Algérie, mieux cul-
tivée et surtout mieux administrée, pourra fournir de grandes
quantités de coton d'une qualité supérieure, si l'on en juge par
les magnifiques échantillons envoyés à l'exposition de 1855.

En 1790, l'Angleterre traitait 12 millions de kilogrammes
de coton, et la France 4 millions; aujourd'hui elle en traite
près de 500 millions, et la France n'en est encore qu'à 100
millions de kilogrammes, c'est-à-dire au cinquième seulement.

Sous le premier Empire, pendant le blocus continental,
le coton était grevé de droits excessifs, les filés et les tissus
étaient prohibés.

En 1816, les cotons furent frappés d'un droit de 40 francs
sous pavillon français, et 55 francs sous pavillon étranger. Les

filés et tissus restèrent prohibés, à l'exception du nankin, qu'on ne fabriquait pas en France.

En 1834, sur les plaintes des fabricants de tulles et de mousselines de Saint-Quentin, Tarare, etc., la prohibition fut levée sur les fils très-fins — au-dessus du n° 142 — lesquels furent admis au droit de 8 fr. 50 le kilogramme.

Jusqu'en 1860, rien ne fut changé à cette législation.

En 1860, d'après le traité conventionnel, les filés et les tissus furent admis aux conditions suivantes :

On distingua les fils blanchis, les fils écrus et les fils teints, lesquels se subdivisent à leur tour en fils simples et en fils retors à deux, à trois bouts, en fils ourdis, etc. Les droits à payer varient de 15 fr. à 448,50 par 100 kilogrammes.

Les tissus payèrent, les uns, suivant le nombre et la grosseur des fils dont ils sont composés, de 50 francs à 345 francs les 100 kilogrammes ; les autres, 15 pour 100 de leur valeur.

IV

L'un des vices principaux de la constitution de l'industrie des textiles, en France, consiste dans la séparation à peu près générale de la filature et du tissage, séparation qui n'existe pas, du moins au même degré, dans les autres pays.

Le nombre de nos filatures de coton est de 465; celui des tissages est de 172; il n'y a que 111 fabriques réunissant la filature et le tissage.

La filature occupe un nombre d'ouvriers bien moins grand que le tissage, ce nombre est dans la proportion de 1 à 4 ; cependant elle a obtenu une protection relativement considérable, à l'aide de laquelle ses représentants sont libres d'élever démesurément leurs prix, et d'imposer la loi à toute l'industrie du tissage.

De là, les souffrances des classes ouvrières de Lyon, de Tarare et de Saint-Étienne ; de là, les justes réclamations du commerce de ces villes.

Les abus dont on se plaint sont réels, indéniables ; les choses en sont venues à ce point, sous le régime actuel, quoique considérablement adouci par le traité de 1860, que le gouvernement, d'après une déclaration récente de la chambre de commerce de Tarare, a été obligé de tolérer la contrebande pour alimenter les fabriques de cette ville, pour empêcher la ruine des industriels de cette contrée et la fermeture des ateliers.

Si la situation du moment est mauvaise pour la fabrique du tissage, que devait-elle être lorsque les filés étaient prohibés, comme avant 1860, et l'omnipotence des filateurs absolue ?

Nous sommes loin de prétendre que cette omnipotence, qui résultait d'une protection exagérée, ait été la seule cause des souffrances de l'industrie du tissage ; mais assurément elle en a été l'une des principales, et lorsqu'on se reporte aux terribles révoltes qui ont ensanglanté, à plusieurs reprises, la ville de Lyon ; armé les citoyens les uns contre les autres, semé la désaffection des ouvriers envers leurs patrons, on est effrayé des conséquences qu'a pu avoir, que peut avoir encore, le système de la protection.

Cette opposition d'intérêts entre la filature et le tissage a pu être caractérisée ainsi par un membre de la commission du

Conseil supérieur, M. Tézénas Du Montcel : les filateurs de Lille, de contre-maîtres qu'ils étaient il y a vingt-cinq ans, sont aujourd'hui millionnaires, et les tisseurs de Saint-Étienne sont dans la misère.

Une pareille situation ne saurait se prolonger.

Les filés jouent, vis-à-vis des tissus, le même rôle que la fonte vis-à-vis du fer; ils en sont la matière première, et, comme tels, ils devraient être, sinon complétement affranchis, soumis du moins à des droits extrêmement faibles, comme l'est la fonte par rapport au fer. Il n'en est pas ainsi.

« Le prix auquel s'élevèrent les cotons, disent MM. Fer- « nand-Raoul Duval et Balsan dans leur rapport au Con- « seil supérieur, par suite de la guerre de la sécession, a « donné le change sur les causes de la souffrance de l'indu- « strie cotonnière à cette époque, et l'a fait attribuer au traité « de 1860 ». Au lieu d'accuser cette réforme de hardiesse et de témérité, on devrait plutôt lui reprocher une trop grande timidité, une faiblesse excessive.

On l'a vu, en effet, d'après la rigueur des droits men- tionnés plus haut.

Faut-il donc s'étonner des doléances des industriels qui sont obligés de s'adresser à Rouen pour obtenir les filés qu'ils ont à ouvrer, et qui se voient contraints de subir les prétentions les plus monstrueuses ?

Cette situation peut se résumer dans la déclaration de M. Tézénas Du Montcel au nom de l'industrie de Tarare : si on voulait, disait-il, adopter la suppression du droit sur les filés, elle consentirait à la suppression du droit sur les tissus.

Il suffit, pour montrer les vices du système en vigueur, d'examiner ce qui se passe chez nos voisins. Nous ne parlerons point de l'Angleterre, où les fils sont exempts de tout droit; mais voyons ce qui se passe en Allemagne, ce qu'avait fait le Zollverein, cette grande association qui a introduit en Europe les vrais principes du libre échange, et fait tomber des barrières considérées comme infranchissables.

En Allemagne, il n'y a que trois tarifs au lieu des quatre-vingts ou quatre-vingt-dix qui existent en France.

Ces trois tarifs concernent les fils écrus, blanchis ou teints à un, deux ou trois bouts, et leurs prix par cent kilogrammes sont 15, 30 et 45 francs.

L'existence chez nous d'un état de choses différent a produit de très-vives souffrances; mais les abus qu'il a engendrés se sont retournés contre les filateurs eux-mêmes; ils ont eu pour conséquence de réduire considérablement leur production, et, par suite, ce travail national dont ils se prétendent les défenseurs.

Il faut toujours éviter de mettre l'intérêt particulier en opposition avec l'intérêt général.

C'est ce qui est résulté cependant de la situation trop favorable dans laquelle s'est trouvée la filature; les bénéfices ont été si faciles, que l'activité des fabricants s'est endormie, et qu'ils n'ont pas été excités à développer leur travail; c'est ce qui arrive toujours sous un régime où le prix des objets dépasse artificiellement le prix de revient.

Amasser rapidement des richesses sans se donner trop de peine est une douce chose; mais ce résultat n'est obtenu qu'au détriment de l'intérêt des masses, dont le bon marché des produits constitue la fortune, et cette fortune est le fondement de celle des riches.

La consommation des tissus a été limitée par la cherté des

filés, au grand dommage des consommateurs, et par une conséquence naturelle, la fabrication des filés s'est trouvée arrêtée dans son développement.

La France ne possède en effet, après la perte de l'Alsace, que 5 millions de broches, tandis que l'Angleterre en a 37,600,000.

Et lorsqu'on excipe du petit nombre moyen des broches par atelier, en France, comparativement à ce qui existe en Angleterre, où ce nombre des broches est de 14,130 lorsque chez nous il n'est que de 8,536, on ne voit pas que cette infériorité tient précisément à l'état encore restreint de la consommation, car l'importance de celle-ci correspond toujours aux moyens d'y satisfaire.

C'est ce qui explique la formation récente des grands magasins de nouveautés, qui ne sont nés que de l'accroissement des besoins.

Or, les capitaux ne manquent pas dans notre pays; ils y sont au contraire très-abondants et sans emploi, en grande partie, depuis les désastres causés par la faillite de plusieurs États étrangers.

Les ressources ne feraient pas défaut pour l'extension des filatures existantes, et il s'en créerait promptement de nouvelles, si la consommation, au lieu d'être restreinte par la cherté des produits, était excitée par le bon marché; la réalisation des réformes que nous proposons produirait ce résultat.

Nous ne voudrions pas pousser trop loin la démonstration de ce fait que les filateurs de coton ont abusé de leur situation, et que leurs doléances étaient pour la plus grande partie sans fondement; cependant, ce qui se passe depuis la cruelle séparation de l'Alsace le démontre suffisamment.

Et ici, nous n'accusons pas seulement les filateurs de Rouen; ceux de l'Alsace doivent aussi avoir leur part des reproches que nous avons formulés. Comme leurs confrères de Rouen, les filateurs de l'Alsace se plaignaient, fort à tort, autrefois, de l'insuffisance des droits protecteurs en France; or, ils vivent aujourd'hui sous un régime bien différent; les tarifs qui les protégent sont extrêmement faibles, et ne les garantissent pas de la concurrence étrangère, de celle de la Suisse, de celle de l'Angleterre; pourtant, ainsi que cela a été constaté dans les délibérations du Conseil supérieur du Commerce, « malgré la diminution qui a dû résulter dans la vente des produits de l'Alsace par suite des droits auxquels ils sont soumis à l'entrée en France, et malgré la concurrence étrangère, cette industrie, loin d'être ruinée, se trouve toujours dans une bonne position; des établissements qui avaient été incendiés postérieurement à la guerre ont été reconstruits; d'autres, notamment un des plus importants de Mulhouse, ont été considérablement agrandis. »

En Belgique, en Italie, en Suisse, en Autriche même, les tarifs sont tout aussi modérés, et le nombre des catégories tout aussi restreint. Seule donc, la France, sous prétexte de protéger une industrie nationale, a établi une sorte de prohibition sur les filés de coton, entretenant ainsi toutes les fraudes, toutes les fausses déclarations, sans parler de cette armée de contrebandiers qui, depuis plus d'un siècle, sont restés populaires, tant la haine du fisc est grande.

« Le peuple est partout l'ami des contrebandiers », a dit Béranger dans une chanson célèbre, et qu'il faut citer, car c'est encore aujourd'hui la *Marseillaise* du libre échange :

Aux échanges l'homme s'exerce ;
Mais l'impôt barre les chemins.
Passons, c'est nous qui du commerce
Tiendrons la balance en nos mains.
        Partout la Providence
        Veut, en nous protégeant,
        Niveler l'abondance
        Éparpiller l'argent.

Est-ce que tout cela n'est pas vrai aujourd'hui, comme il
y a cinquante ans ? Est-ce que l'on ne peut pas dire encore avec
Béranger, que

Nos gouvernants, pris de vertige,
Des biens du ciel, triplant le taux,
Font mourir le fruit sur sa tige,
Du travail brisent les marteaux ?

Sous un régime plus libéral, l'industrie des tissus aurait pris
une extension énorme, car il est dans le génie national de
transformer d'une manière supérieure toutes les matières premières, ou celles simplement dégrossies qui nous viennent de
l'étranger.

M. Galline, président de la chambre de commerce de Lyon,
a demandé que le régime des admissions temporaires fût rétabli
pour les filés. Cette réclamation serait fondée, si les droits actuels étaient maintenus, car, ainsi que nous l'avons dit dans
le chapitre des fers, les admissions temporaires sont un correctif nécessaire de l'exagération des droits ; elles procurent
au pays des travaux qui seraient perdus pour lui si on restait
soumis au paiement entier de taxes élevées.

Aux réformes que nous avons énumérées plus haut, nous
joindrons la suppression des surtaxes d'entrepôt, qui empê-

chent les filatures de s'approvisionner de la matière première sur les marchés étrangers, et particulièrement sur celui de Liverpool, où se traitent les plus grandes affaires de coton; cette demande est légitime, et le commerce maritime, dont les intérêts nous sont chers, devra obtenir d'autres compensations en échange d'une protection qui, à la vérité, lui est moins profitable qu'on ne le croit.

On ne pourrait, sans inconséquence, conserver la surtaxe d'entrepôt; la surtaxe de pavillon était bien autrement importante pour notre marine, et on l'a abolie.

Notre opinion mérite quelque considération en cette matière, puisque, par nos relations avec les États-Unis à l'aide des paquebots transatlantiques, nous représentons, en France, l'intérêt maritime le plus considérable.

Le Havre ne souffre que de la faiblesse de la production nationale; il ne tarderait pas à prendre une grande importance sous le rapport de l'activité du commerce du coton, si la consommation des tissus, favorisée par le bon marché, prenait un plus grand essor.

La manufacture de Rouen se trouverait alors dans une position plus favorable que celle de Manchester, car le prix de transport du Havre à Rouen est de 7 fr. 35 par 1000 kil., tandis qu'il est de 10 fr. par 1015 kil. de Liverpool à Manchester.

Quant aux cotons qui viennent de l'Inde, de l'Égypte, de la Turquie ou de l'Italie, la France est à peu près dans des conditions aussi favorables que l'Angleterre; sa position serait bien meilleure, si le coton, matière première aussi précieuse que la houille et la fonte, pouvait obtenir de la Compagnie des chemins de la Méditerranée un abaissement de tarif; le Gouvernement devrait s'y employer.

Les réformes que nous sollicitons en faveur de la filature étant réalisées, la différence de 2 à 3 p. 100 que MM. Balsan et Fernand-Raoul Duval, rapporteurs de la commission, ont constatée entre les frais de fabrication des deux pays disparaîtrait complétement; le libre échange des filés pourrait être pratiqué en France; mais une transition est nécessaire pour ménager les intérêts existants; c'est dans cet esprit que nous avons proposé des tarifs modérés, des tarifs comme ceux de l'Allemagne, que l'Alsace a dû subir, et qui seraient sensiblement inférieurs aux droits actuels, car l'intérêt du consommateur exige une satisfaction immédiate.

Les protectionnistes ne peuvent être admis à se plaindre de la concurrence étrangère, puisque, avant 1870, ils avaient à soutenir celle de l'Alsace-Lorraine.

Où donc sont les sacrifices que nos industriels protectionnistes ont consentis en faveur de ces chères provinces?

« Général Dupont, dit un jour Napoléon Ier, cette main qui « tient une épée aurait dû sécher avant de signer la capitulation de Baylen. » Nous en pourrions dire tout autant de la main du ministre qui a signé le traité limitant à dix-huit mois seulement l'introduction en franchise des filés et tissus de l'Alsace-Lorraine.

Eh bien, malgré la situation que lui ont faite des événements douloureux, l'Alsace se relève de ses ruines, et nous la voyons aujourd'hui fournir à la France elle-même, malgré l'élévation des droits, des fils et des tissus pour plus de 20 millions par an.

Les importations totales de tissus de coton ont été de 81,796,000 francs, et les exportations de 75,454,000 francs.

Ce double fait indique, d'une part, l'exagération de nos

droits, puisque, indépendamment des frais de transport dont sont grevées les marchandises introduites en France, elles peuvent acquitter ces droits ; d'autre part, la possibilité, pour ceux de nos fabricants qui se plaignent le plus, d'affronter la concurrence étrangère.

Grâce aux réformes que nous avons proposées, les intérêts de l'industrie cotonnière seraient sauvegardés, et ceux des consommateurs se trouveraient pleinement satisfaits ; le peuple serait mieux vêtu, le travail national recevrait effectivement un immense développement, et la main-d'œuvre pourrait être améliorée par l'effet de l'emploi d'un nombre plus considérable d'ouvriers ; la France pourrait défier toutes les concurrences étrangères, celle de l'Angleterre, celle même de l'Amérique, cette terre amie que Christophe Colomb nous a donnée, et que la protection cherche à nous enlever, en l'isolant du reste du monde. La France pourrait en même temps donner aux provinces dont une fatale destinée nous a séparés des témoignages non équivoques d'une sincère et réelle sympathie.

CHAPITRE VI

SUCRES

Histoire de la politique sucrière en France. — Incroyables tergiversations. — Le traité de 1860. — Exagération des droits établis en 1871. — Moyens de conjurer la ruine de notre industrie sucrière. — Abaissement de la taxe à 30 francs. — Détaxe de 3 francs en faveur des sucres coloniaux. — Surtaxe de 3 francs pour les sucres étrangers. — Développements.

I

Les faits les plus importants de la vie sociale sont souvent les plus imprévus; c'est à la guerre, fléau ruineux et écrasant, que la France doit une de ses plus belles industries, l'industrie du sucre qui date, on le sait, du blocus continental, de l'époque où, la France se trouvant séparée de ses colonies, on vit le prix du sucre s'élever à six francs la livre. Nos mères en ont gardé le souvenir: le sucre, alors, ne s'employait plus guère que dans les pharmacies.

Napoléon encouragea, de son mieux, les tentatives faites

alors par un grand nombre d'industriels et de savants pour
extraire le sucre du jus de la betterave ; il affecta 32,000 hec-
tares à la culture de cette précieuse racine, et put voir, avant
sa chute, cette industrie nouvelle prendre une importance
considérable, grâce au procédé de la décoloration du sirop par
le noir animal, procédé découvert, en 1812, par Pierre Figuier,
de Montpellier.

Toutefois, en 1816, la production du sucre de betterave, en
France, ne s'élevait qu'à 3,400,000 kilog. sur une consommation totale de 65 millions de kilog. La fabrique du sucre
indigène resta même longtemps stationnaire : en 1827, elle est
encore inférieure à 5 millions de kilog.; mais, en 1833, elle
s'élève déjà à 49 millions de kilog., grâce aux progrès con-
stants de cette industrie nouvelle, grâce surtout à la liberté
dont elle jouissait, au point de vue de l'impôt.

En effet, le sucre de betterave fut exempt de tous droits, de
1815 à 1838, alors que nos sucres coloniaux étaient frappés
d'une taxe de 49 fr. 50 par 100 kilog., et que le droit sur les
sucres étrangers était de 104 fr. 50. Ce traitement de faveur
avait donné à la culture de la betterave une extension considérable ; mais les justes réclamations de nos colonies et de nos
ports de mer induisirent à frapper le sucre indigène d'un droit
de 11 francs par 100 kilog.; celui de 49 fr. 50 sur les sucres
coloniaux fut maintenu.

En 1840, une politique sucrière toute nouvelle parut prévaloir ; non-seulement on éleva le droit sur le sucre indigène de
11 francs à 33 francs, mais, en vue de réparer le tort fait à
notre marine et à nos colonies, on proposa d'exproprier tous
les fabricants de sucres indigènes, et de frapper d'une sorte de
prohibition la culture de la betterave ! On avait tout oublié,

et le blocus continental, et le sucre à 6 francs la livre ; ceux qu'on nommait alors les protecteurs de la marine et des colonies l'emportaient dans les Chambres. Toutefois, on recula devant l'absurdité de cette entreprise et devant les dépenses énormes qu'elle devait entraîner. Les choses restèrent en l'état ; seulement, en 1847, on établit la parité du droit entre nos sucres indigènes et les sucres coloniaux, soit 45 francs. Quant aux sucres de provenance étrangère, le droit fut abaissé à 65 francs.

En 1852, la fabrication du sucre indigène ayant pris un développement considérable, et nos colonies s'étant trouvées ruinées, par suite de la brusque suppression de l'esclavage en 1848, l'équilibre se trouva forcément rompu : on dut abaisser à 38 francs le droit sur les sucres coloniaux, tandis que celui sur les sucres de betterave resta fixé à 45 francs.

Nous arrivons à la grande réforme de 1860 : la taxe sur les sucres indigènes est abaissée de 45 fr. à 30 fr. ; celle sur les sucres coloniaux est fixée à 27 fr. ; enfin, dans le but de favoriser notre marine, on fixe à 33 fr. le droit sur les sucres étrangers introduits sous pavillon français.

Tel est en peu de mots le résumé des principaux actes de la politique commerciale de la France, qui, depuis 1815, offre le spectacle des tergiversations les plus déplorables.

Après avoir sacrifié les colonies à la production indigène, on en était arrivé à proposer sérieusement, et cela par deux fois, d'interdire la culture de la betterave. L'État, sans boussole économique, sans principes commerciaux, subissant la prépondérance des partis politiques et des diverses classes tour à tour dominantes qui se disputaient le pouvoir, — a donné au monde, durant cinquante années, le spectacle des plus tristes expédients, protégeant les raffineurs contre les fabricants, et les fabricants contre les raffineurs : essayent tour à tour le système de la prohibition, celui du drawback, des admissions temporaires, des primes directes ou indirectes à l'exportation ; établissant ou supprimant, selon les caprices du moment, la surtaxe de pavillon ; s'arrêtant à l'exercice comme moyen fiscal, après avoir tenté d'assurer la perception par la distinction des types, les rendements des numéros, la saccharimétrie, etc., et tout cela sans jamais prendre souci du premier des intéressés, du consommateur !

Le consommateur, pendant toute cette période de 1815 à 1860, n'apparaît que comme la ressource providentielle du ministère en quête d'argent pour les besoins du Trésor ; il fait tous les frais de ces folles expériences, et nos économistes ne paraissent même pas soupçonner le rôle prépondérant qu'il doit jouer dans notre système d'impôts !

Enfin, en 1860, sous l'influence de la réduction du droit de 45 à 30 fr., la production s'élève aussitôt de 109 millions de kilogr. à 143 ; la consommation, qui était, en 1860, de 188 millions de kilogrammes, arrive, en peu de temps, au chiffre de 270 millions de kilogrammes ; mais, peu d'années après, en 1863, on arrête ce développement dans un intérêt fiscal, en relevant à 42 fr. 50 le droit précédemment réduit à 30 francs.

En 1871, à la suite de nos désastres, et sous l'influence de M. Pouyer-Quertier, le droit sur les sucres indigènes est porté de 42 fr. à 54 fr. 60 ; en 1872, à 63 fr. ; en 1873, à 65 fr. 50 et 73 fr. 30 pour les sucres raffinés ; les sucres coloniaux sont assujettis à la même taxe, malgré leur infériorité de situation.

Eh bien! le fisc a dépassé la mesure : la consommation s'est arrêtée; elle est demeurée stationnaire à 7 kilog. environ par tête. Elle est, en Angleterre, de 32 kilog., soit plus de quatre fois ce qu'elle est en France. On estime que, dans deux ans, l'Angleterre absorbera deux milliards de kilogrammes de sucre. Tout indique que la France s'en tiendra à ses 250 millions de kilogrammes, si la législation actuelle est maintenue. En voici la raison : le bon marché du sucre en a fait, en Angleterre, un aliment; aliment des plus précieux, substantiel, très-sain. Le sucre est encore, en France, un condiment, presque un objet de luxe.

Et comment pourrait-il en être autrement?

L'impôt est de 73,50 les 100 kilog. Le sucre se vendait 131,50 les 100 kilog. Ainsi l'impôt excède la valeur intrinsèque de la marchandise, qui est de 58 fr. Le consommateur ne peut profiter d'aucune diminution dans le prix de revient, et le producteur d'aucune augmentation dans le chiffre de la consommation. L'impôt arrête à la fois la consommation et la production.

On peut, quant à la restriction de la consommation, soutenir qu'en France les céréales, exemptes de tout droit, les vins, qui n'en sont point exempts, mais qui sont abondants, les légumes, les fruits, donnent une quantité d'aliments plus grande que dans tout autre pays. — On répond que le sucre est un aliment d'une qualité supérieure (1) et que, s'il était mis à la portée des populations, elles y trouveraient des éléments plus sérieux de force et de réparation que dans des pains

(1) Le sucre serait employé à conserver ces masses de fruits que le sol produit et qui se perdent, bien qu'offrant une précieuse ressource, comme conserves, confitures, mélanges de toute es... e.

de seigle ou des légumes. Ainsi, en fait, l'impôt excessif, exorbitant, sur les sucres, prive les populations d'un aliment excellent.

De même, cet impôt est devenu un obstacle insurmontable, au développement de la production. La production du sucre a, en France, deux facteurs : la canne à sucre et la betterave.

La canne est plus riche que la betterave à tous égards, soit par ses produits directs, qui donnent de 8 à 9 pour 100 de leur poids, soit par ses sous-produits. Mais quelle infériorité de situation! Le climat, la nature et la rareté des ouvriers, le manque de capitaux, l'éloignement, tout est contraire à nos colonies.

La betterave ne donne que de 5 à 6 pour 100 de sucre ; mais, excellents ouvriers, habiles ingénieurs, capitaux, fabricants, machines, proximité de Paris et de Londres, toutes les ressources des États les plus riches sont à sa disposition ; aussi elle a pu doter la France d'une incomparable industrie, qui place partout ses produits, procure du fret à nos navires, enrichit nos campagnes par ses sous-produits et même par ses plus humbles détritus.

D'abord, cette forte industrie semblait avoir assez de vitalité pour tenir tête aux exigences du fisc. Plus on lui a demandé, plus elle a obtenu de la betterave par la puissance de ses capitaux et de ses méthodes scientifiques. Il a fallu, cependant, bientôt, reconnaître que, de même que nos sucreries coloniales, elle était menacée par l'exagération du droit fiscal, toujours funeste au progrès de la consommation.

Cette situation avait été entrevue bien avant 1870. De là les négociations qui ont abouti, en 1864, au traité avec l'Angleterre, la Hollande et la Belgique. Le Gouvernement voulait assurer à la production sucrière française des débouchés ; déjà le droit sur les sucres entravait la consommation ; depuis 1871, ce droit menace de paralyser l'industrie sucrière.

Il semble que les hommes politiques qui ont fait prévaloir leurs idées fiscales, en 1871, aient eu la pensée que l'on pouvait restreindre sans danger la production et la consommation. C'est une grave erreur économique. Toute industrie puissante a pour loi le progrès. Lui interdire tout progrès, c'est mettre son existence même en péril. Le Gouvernement pouvait atteindre la consommation du sucre — et il y est parvenu — mais il ne pouvait le faire sans frapper du même coup l'industrie sucrière.

Les producteurs des colonies souffrent, les fabricants de sucre indigène souffrent également, les raffineurs eux-mêmes, si favorisés jusqu'ici, ne sont pas sans inquiétude : — ils voient le marché s'encombrer, parce que le consommateur français recule devant l'énormité de la taxe.

Sur le marché affluent les sucres coloniaux, 100 millions de kilog. ; les sucres étrangers, 150 millions de kilog.; les sucres indigènes, 450 millions de kilog.; ensemble 700 millions de kilog., sur lesquels la consommation française ne prend que 250 millions de kilog.; il reste donc 450 millions de kilog. à exporter : c'est un chiffre colossal; aussi les sucres baissent, par suite de l'abondance de l'offre, mais sans profit pour la consommation, paralysée par l'excès du droit fiscal. Il n'est pas possible que l'industrie sucrière puisse rien fonder sur un état de choses dans lequel le marché national lui offre moins de consommateurs que le marché extérieur.

Cette baisse est plus lourde pour les sucres coloniaux. Ceux-ci sont plus riches, il est vrai, mais le transport en est plus cher; ils sont produits dans de moins bonnes conditions, et nos colonies, comme nos ports, renouvellent incessamment leurs plaintes. Elles voient le marché national de moins en moins favorable pour elles, pendant qu'elles rencontrent sur tous les autres marchés la concurrence redoutable du sucre indigène.

Le Gouvernement avait espéré modifier cette situation en renouvelant et améliorant le traité de 1864. Mais, jusqu'à présent, ses efforts ont échoué, toujours par la même cause, l'élévation du droit. La France exporte plus de sucres raffinés que de sucres bruts : 230 millions contre 100 millions de kilog. Sur les sucres raffinés exportés, le Trésor restitue le droit perçu sur le brut, en tenant compte d'une différence pour les déchets. Par ses procédés de fabrication, la raffinerie a pu convertir cette différence en profits qui ont été évalués à 10 millions de francs par an. Il en résulte que les raffineurs ont été à même de vendre d'autant mieux leurs produits, que l'impôt sur les sucres bruts était plus élevé, puisque la restitution, à raison de la perte de fabrication, était plus grande. C'est ce qu'ont objecté les États signataires de la convention de 1864, qui ont demandé que la raffinerie française cessât de jouir de pareils avantages.

Les colonies sont ruinées et hors d'état de soutenir la concurrence avec les fabricants de sucres indigènes : ces derniers emplissent les journaux de leurs justes lamentations ; l'excès de production sur la consommation les livre pieds et poings liés aux raffineurs qui les exploitent; ils préfèrent même s'entendre avec ces derniers que d'affronter les marchés étrangers, où les sucres bruts de l'Autriche et de la Russie obtiennent toujours l'avantage à raison des primes d'exportation qui ressortent des tolérances de perception dans ces États.

Ce malaise s'est traduit récemment par la fermeture de

150 usines, occasionnée le plus souvent par la mise en faillite des propriétaires ; quant aux autres, leur situation est déplorable, et la plupart ne donnent presque aucune rémunération au capital.

Ainsi :

1° Les classes les plus nombreuses à peu près privées d'un aliment substantiel, salubre, nécessaire ;

2° Les colonies menacées dans leur seule ressource ;

3° Les ports de mer inquiets sur l'une des meilleures branches de leur fret ;

4° La production indigène encombrée, arrêtée dans son élan ;

Telle est la situation.

II

Le principe de la liberté commerciale et la loi économique établissant qu'il y a solidarité étroite entre la production et la consommation, et que les impôts exagérés sur la production ont pour conséquence fatale de restreindre la consommation, devaient naturellement dominer tout le système que nous proposons de substituer aux errements du passé.

Les intérêts en présence sont les suivants :

Ceux de la sucrerie indigène ;

Ceux des sucres coloniaux ;

Ceux des sucres étrangers ;

Ceux, enfin, du consommateur.

Pour donner une juste satisfaction à tous ces intérêts, et en vue de venir en aide aux fabricants de sucre indigène dont l'industrie est si sérieusement menacée, nous proposons :

1° L'abaissement à 30 francs, comme en 1860, du droit sur les suci indigènes, taxés présentement à raison de 65 fr. les 100 kilogrammes ;

2° Une détaxe de 3 fr. en faveur des sucres de nos colonies, ce qui réduirait le droit à 27 fr., comme il était également sous l'empire de la législation de 1860 ;

3° Surtaxe de 3 fr. pour les sucres étrangers, ce qui porterait le droit à 33 fr., toujours comme en 1860.

Nous allons examiner rapidement les avantages qui résulteraient pour la production, pour la consommation et aussi pour le Trésor public, du retour à la législation de 1860.

La réduction de la taxe à 30 fr., au lieu de 65 fr., est la clef de voûte du système ; grâce à ce droit modéré, la consommation sera rapidement doublée, triplée peut-être.

En Angleterre, sous l'influence d'un droit de 33 francs 50 centimes par 100 kilogrammes, réduit successivement jusqu'à 13 fr., puis définitivement supprimé à partir de 1873, la consommation a pris une extension vraiment prodigieuse. Elle était, en 1844, époque de la grande réforme de Robert Peel, de 210 millions de kilog. ; en 1850, elle avait augmenté d'un tiers ; en 1860, elle avait doublé ; en 1863, elle s'élevait à 490 millions de kilog. ; en 1872, elle atteignait le chiffre de 611 millions ; enfin, la consommation, en 1876, sous l'influence de la disparition complète du droit, a dépassé 900 millions de kilogrammes.

En France, la consommation était, en 1844, de 120 millions de kilogrammes ; elle s'est péniblement élevée, en 1876, à 260 millions de kilogrammes pour une population supérieure à celle de la Grande-Bretagne, et c'est dans la courte période de l'abaissement du droit à 30 fr. — de 1860 à 1863 — que cette progression de la consommation s'était produite d'une manière irrésistible. Qu'on abaisse donc à 30 fr. le droit actuel de 65 fr. ou de 73,50 pour les sucres raffinés, et la consommation doublera en fort peu de temps, comme en Angleterre, à la condition, toutefois, que l'expérience sera poussée jusqu'au bout.

Les inconvénients de l'élévation de la taxe sur les sucres auraient été révélés, si besoin était, par le tableau du rendement de nos contributions indirectes pendant le premier trimestre 1877. Par suite d'une mauvaise récolte de la betterave et de l'élévation du prix du sucre, la consommation a diminué dans une proportion notable : l'impôt sur le sucre indigène n'a produit que 12 millions 1/2 au lieu de 31 millions, chiffre des prévisions ; la taxe sur les sucres coloniaux n'a donné que 2 millions 1/4, au lieu de 8 millions 1/2 qu'on attendait. Ce fait n'indique-t-il pas que c'est à la diminution de la consommation qu'il faut attribuer la perte de 18 millions qu'a dû subir le Trésor pendant le premier trimestre de 1877 ?

Le développement de la consommation aurait pour effet de donner naturellement aux sucres indigènes leur emploi à l'intérieur, sans qu'ils eussent rien à redouter de la concurrence étrangère qui oblige actuellement les fabricants de sucres à céder leurs produits à prix réduits, et la grosse question qui préoccupe si fort ces derniers serait résolue à la satisfaction de tous.

Le champ de production et de consommation est illimité d'ailleurs ; on objectera que nous sommes moins habitués que nos voisins les Anglais aux boissons chaudes, et que nous n'atteindrons jamais le même chiffre de consommation que ces derniers. C'est là une erreur. Nous consommons, en café et en lait, une quantité considérable de boissons chaudes, et cette quantité augmenterait naturellement en raison même de l'abaissement du droit sur le sucre. Les Anglais, jadis, sucraient médiocrement leur thé ; mais, depuis l'abaissement du droit, ayant acquis la conviction que le sucre est un aliment fortifiant, réparateur, qui n'altère point le goût du thé lorsqu'il est convenablement dosé, nos voisins consomment infiniment plus de sucre que par le passé.

Il est, d'autre part, une industrie considérable, celle de la conservation des fruits, de la fabrication des confitures, qui a émigré de France en Angleterre par suite de l'élévation continuelle des droits. La France étant le pays le mieux doué pour la production des fruits, l'Angleterre nous en emprunte chaque année des quantités énormes qu'elle manufacture sur son territoire, et qu'elle expédie dans le monde entier. Qui donc nous empêcherait de ressaisir cette grande industrie, et de l'exploiter à notre profit, grâce au bon marché des sucres ?

Et cela n'est qu'un des petits côtés de la question, si l'on songe à une foule d'industries similaires, aux produits de la distillerie, des sirops, des conserves alimentaires, etc., etc.

Le sort des fabricants de sucre étant fixé et intimement lié à l'extension de la consommation, il convient d'examiner rapidement le sort de nos colonies. Là, la production est plus limitée. Elle était, en 1860, de 115 millions de kilog., elle flotte, depuis quelques années, de 80 à 90 millions de kilog. La brusque suppression de l'esclavage, en 1848, a ruiné nos colonies; on pourrait aujourd'hui acheter à vil prix les plus fertiles plantations, les habitations les plus luxueuses. Dans certaines plantations, on attend vainement, depuis deux et trois années, les coolies sans lesquels la culture du sol est impossible; enfin, les bras manquent partout. Les sucres coloniaux, en raison du prix élevé du fret — 45 francs et plutôt 50 francs par tonne, sans parler des droits accessoires de commission, d'entrepôt, etc., — sont hors d'état de lutter avec nos sucres indigènes. Il importe donc que, par esprit d'équité, les sucres coloniaux soient favorisés par une détaxe de 3 francs, ce qui réduirait en leur faveur le droit de 30 à 27 francs. Cette détaxe fort légère apporterait un remède à des maux dont l'étendue est plus profonde qu'on ne croit.

Disons encore que cette détaxe est d'une excessive modération, et qu'elle serait insuffisante, si l'on voulait établir la parité absolue, mathématique, entre les sucres coloniaux et les sucres indigènes. En effet, la fiscalité, si impitoyable qu'elle soit, en est réduite, pour ne point consommer la ruine de nos fabricants de sucre, à certaines tolérances dans l'évaluation du produit, sans lesquelles l'industrie sucrière serait déjà ruinée depuis longtemps. Les sucres coloniaux ne profitent point de cette tolérance, et ne sauraient en profiter, ce qui constitue encore une inégalité de traitement au préjudice de ces derniers, qui n'entrent guère en France que pour être manufacturés, et qui sont livrés à la consommation étrangère. La détaxe de 3 francs, que nous demandons pour les sucres coloniaux, serait donc à la fois un acte de justice et de réparation.

En proposant une surtaxe de 3 francs sur l'introduction en France des sucres étrangers, nous n'avons entendu que remédier, et encore dans une faible mesure, aux inégalités de traitement dont se plaignent justement nos fabricants de sucres. On sait, en effet, que les sucres étrangers et plus particulièrement ceux de l'Autriche, où la culture de la betterave a pris une extension considérable, sont favorisés par une véritable prime d'exportation résultant et du mode de perception du droit à l'intérieur, et de la large tolérance qui préside à l'évaluation du rendement. En proposant cette surtaxe, nous ne nous trouvons donc point en contradiction avec les principes du libre échange qui sont notre règle de conduite invariable; nous rétablissons simplement une sorte d'égalité de traitement entre nos sucres indigènes et nos sucres de provenance étrangère. Cette surtaxe de 3 francs est suffisante; nos fabricants de sucres auraient désiré sans doute qu'elle fût doublée, mais nous leur ferons remarquer que, plus on abaissera les droits sur nos sucres indigènes, et moins ils auront à redouter les primes d'exportation qui permettent aux sucres étrangers de lutter avec avantage contre les nôtres, non-seulement en France, mais encore sur les grands marchés européens.

Nous ne dirons qu'un mot de la raffinerie française, si prospère, et dont les procédés scientifiques sont la gloire de notre pays. La convention concernant cette industrie, et soumise actuellement à la ratification de l'Angleterre, a pour objet d'arriver à une parité de traitement entre les États signataires de cette convention, en annulant, ou, tout au moins, en réduisant sensiblement la prime d'exportation, qui résultait, pour les raffineries françaises, d'une trop grande tolérance dans le calcul du rendement. Mais, avec l'abaissement du droit à 30 francs, la raffinerie, bien loin d'être lésée par ce nouveau système, restera libre, comme par le passé, de s'approvisionner partout où bon lui semblera; elle continuera, grâce à la supériorité de ses procédés, à réexpédier en raffinés ce qu'elle aura reçu en sucre brut, et, de plus, la consommation étant appelée à doubler à l'intérieur, elle bénéficiera d'un surcroît de travail considérable.

Comme on vient de le voir, le problème est loin d'être insoluble. Pour faire cesser une crise qui alarme justement tant d'intérêts respectables, il suffira de ne point séparer les intérêts du consommateur de ceux du producteur, et d'abaisser, comme en Angleterre, les droits excessifs, qui, pesant sur les classes les plus nombreuses, forment un obstacle insurmontable à l'écoulement des produits de notre industrie sucrière.

TABLEAU

DES IMPORTATIONS ET DES EXPORTATIONS

VALEURS. — COMMERCE SPÉCIAL

ANNÉES	IMPORTATIONS	EXPORTATIONS
	FRANCS.	FRANCS.
1840............	747.147.0 0	694.985.000
1841............	804.558.000	700.654.000
1842............	846.607.000	643.962.000
1843............	845.879.000	687.313.000
1844............	867.305.000	790.384.000
1845............	856.194.000	848.068.000
1846............	919.972.000	852.235.000
1847............	955.858.000	719.759.000
1848............	474.260.000	689.887.000
1849............	724.119.000	937.950.000
1850............	790.697.000	1.068.122.000
1851............	765.051.000	1.158.098.000
1852............	989.438.000	1.256.911.000
1853............	1.196.121.000	1.541.862.000
1854............	1.291.620.000	1.413.700.000
1855............	1.394.085.000	1.557.868.000
1856............	1.989.766.000	1.892.981.000
1857............	1.8 2.853.000	1.865.850.000
1858............	1.562.772.000	1.887.282.000
1859............	1.640.681.000	2.266.424.000
1860............	1.897.335.000	2.277.126.000
1861............	2.442.328.000	1.926.260.000
1862............	2.198.355.000	2.242.681.000
1863............	2.426.379.000	2.642.559.000
1864............	2.528.150.000	2.924.168.000
1865............	2.641.866.000	3.088.375.000
1866............	2.793.484.000	3.180.609.000
1867............	3.026.514.000	2.825.9 0.000
1868............	3.310.488.000	2.789.361.000
1869............	3.153.071.000	3.074.941.000
1870............	2.867.448.000	2.802.000.000
1871............	3.556.670.000	2.872.497.000
1872............	3.570.320.000	3.761.623.000
1873............	3.554.789.000	3.787.306.000
1874............	3.507.705.000	3.701.109.000
1875............	3.536.651.000	3.872.632.000
1876............	3.950.174.000	3.589.891.000

DEUXIÈME PARTIE

OCTROIS

CHAPITRE VII

SUPPRESSION DES OCTROIS EN FRANCE

I

Opinions des économistes des XVIIe et XVIIIe siècles sur les taxes de consommation. -- Vauban. -- Boisguilbert. -- Quesnay. -- Mercier de la Rivière. -- Turgot. -- Décret de l'Assemblée constituante supprimant toutes les taxes de consommation et abolissant les Octrois.

Ce qui caractérise en tout temps les abus, c'est l'opiniâtre résistance, l'inertie presque invincible qu'ils opposent à toutes les tentatives de réforme.

Vainement on les voit réprouvés, condamnés par les penseurs les plus éminents; la seule force de la possession les soutient et les protége ; une longue habitude leur tient lieu de raison et de justice.

C'est ainsi que l'institution des Octrois, si manifestement contraire à l'intérêt général, si dommageable surtout aux classes laborieuses, perpétue son existence à travers les critiques, et semble défier les démonstrations qui l'accablent. L'une des plus convaincantes, et qui serait décisive si l'abus n'était pas si fortement établi, est celle que nous nous proposons d'analyser. Elle émane d'un homme auquel nous ne rendons qu'un hommage mérité, en disant que l'amour du bien public l'anima toute sa vie, et dont la perte doit être un sujet de regrets pour les grands intérêts économiques du pays.

Dans un rapport présenté, en 1869, au Conseil général de la Gironde, M. Émile Pereire, l'un de ses membres, a émis, sur la suppression des Octrois, des idées neuves et fortes, déjà développées dans divers écrits, et qu'il importe de relever, dans un moment où la réforme de nos impôts préoccupe, à si juste titre, les meilleurs esprits.

Avant de les résumer, il est utile de montrer à quelles traditions elles se rattachent. Les abus que M. Émile Pereire a si justement attaqués ne sont pas nés d'hier. Abolis un moment par la Révolution française, ils avaient acquis, sous l'ancien régime, une gravité, une intensité, un degré d'épanouissement dont nos modernes Octrois sont heureusement encore fort éloignés. C'est à la destruction de ces abus qu'a été consacré, dans les deux derniers siècles, l'un des plus vigoureux efforts de la philosophie française.

Le maréchal Vauban, esprit juste et droit, le plus honnête homme de son siècle, disait Saint-Simon, s'éleva le premier contre l'inégale répartition des charges publiques et contre les effets désastreux des douanes intérieures, Octrois de son époque, qui ruinaient le menu peuple, c'est-à-dire *la partie la plus utile du peuple, la plus considérable par son nombre et par les services réels et effectifs qu'elle rend à l'État.* La première cause de la diminution des biens de campagne,

observe Vauban, est le défaut de consommation qui provient principalement de la hauteur et de la multiplicité des aides et des douanes intérieures. « Les impôts sur les passages et sor-
« ties du royaume sont si multipliés, et il faut parler à tant
« de bureaux pour transporter les denrées, non-seulement
« d'une province ou d'un pays à un autre, par exemple de
« Bretagne en Normandie, ce qui rend les Français étrangers
« aux Français même, mais encore d'un lieu à un autre, dans
« la même province, que le propriétaire et le paysan aiment
« mieux laisser périr les denrées chez eux que de les tran. -
« porter avec tant de risques et si peu de profit. »

Cette critique n'est que trop vraie, même de nos jours. On la retrouve presque littéralement dans une pétition adressée, en mars 1842, au préfet de la Gironde par les propriétaires vinicoles de ce département, qui attribuent la mévente de leurs produits, depuis plusieurs années, et l'encombrement de leurs chais, aux entraves apportées à la consommation par le régime des contributions indirectes et des Octrois.

Pour dégrever la consommation et soulager le menu peuple, en haine aussi de tous les priviléges, Vauban proposait de remplacer la multitude des taxes arbitraires et vexatoires comprises sous les noms de taille, d'aides et de douanes provinciales, par une contribution unique du dixième du revenu en nature de toutes les terres, et du revenu en argent de tous les autres biens. Cette contribution aurait été payée également par tous les citoyens, nobles, prêtres, roturiers, tous étant au même titre les soutiens de l'État. Vauban, à ce point de vue, a été l'un des précurseurs de la Révolution française.

A côté de lui, animé du même esprit, se place Pesant de

Boisguilbert, écrivain incorrect, dont on a dit que le style était aussi pesant que le nom. Mais pesantes aussi étaient ses raisons. Jamais [   ] ne sont tombés de plus haut et plus lourdement sur [   ] me des douanes intérieures qui, dans chaque pays, tenait les denrées captives, et « dans lequel « plus de vingt mille hommes, et peut-être de trente, n'a- « vaient d'autre emploi que cette occupation de ruiner les « peuples, si bien que si l'on avait eu l'intention de détruire « le royaume, on n'aurait pu prendre d'autres mesures. » Aucun écrivain n'a mieux montré que la ruine de la consommation est la ruine du revenu, et que toute loi fiscale qui gêne la consommation arrête la production, et, avec elle, la richesse, non-seulement dans la classe des producteurs, mais dans toutes les classes de la société. Par l'ardeur de ses investigations, par la nouveauté de ses aperçus, par la pénétration de son esprit, Boisguilbert a véritablement mérité d'être appelé le Christophe Colomb de l'économie politique, et dans la question qui nous occupe, Adam Smith n'a fait que le répéter quand il a dit que la consommation est l'unique but, l'unique terme de la production, et qu'on ne devrait jamais s'occuper de l'intérêt du producteur qu'autant qu'il le faut pour favoriser l'intérêt du consommateur.

Ennemi de l'impôt indirect, Boisguilbert déclare qu'il n'y a pas de laboureur, bourgeois ou marchand, qui ne consente à payer quatre fois la capitation, et même par avance, pourvu qu'on le décharge des droits de consommation. Quant aux douanes intérieures, c'est, dit-il, *un Pérou* pour le roi et pour ses peuples de les supprimer toutes.

Les livres de Boisguilbert méritaient la même proscription que celui de Vauban. Ils avaient, en effet, un grand défaut,

dit Saint-Simon, ils enrichissaient le roi et sauvaient le
« peuple, mais ils ruinaient l'armée des financiers, des com-
« mis, des employés... » Boisguilbert fut exilé en Auvergne.

La science économique est d'origine toute française. Après
Vauban, après Boisguilbert, l'école des physiocrates, qui
comptait dans ses rangs Quesnay, Gournay, Mercier de la
Rivière, Turgot, Condorcet, proclama le principe de la liberté
entière du commerce intérieur. Nous n'avons pas à juger ici
la théorie de cette école dont les exagérations même répon-
daient aux besoins du moment, et qui cherchait à relever
cette pauvre France agricole, où la terre se vendait à vil prix
et où il fallait surtout encourager la culture. L'essentiel
est ceci : Quesnay, qui soutient que la terre seule produit
des richesses, veut que l'impôt soit établi immédiatement sur
le revenu net des biens-fonds, et non sur le salaire des
hommes, ni sur les denrées ; il a senti lui-même que si on
faisait payer les cultivateurs, on arrêterait par là les revenus
de l'État. En effet, il dit : « Les richesses employées aux
« frais de la culture doivent être réservées aux cultivateurs
« et être exemptes de toutes impositions, car si on les enlève
« on détruit l'agriculture, on supprime les gains des habi-
« tants de la campagne et on tarit la source des revenus de
« l'État. »

Mercier de la Rivière n'est pas moins explicite. Il appelle
impôt indirect un impôt qu'on mettrait sur le cultivateur,
et ne donne le nom d'impôt direct qu'à l'impôt sur le revenu
net, sur la rente du sol; puis il prouve très-bien qu'en
faisant payer un impôt au cultivateur, on arrête du même
coup la consommation et la production, les travaux de l'industrie et enfin la population.

De là cet aphorisme de l'école : « Impositions indirectes, pauvres paysans; pauvres paysans, pauvre royaume.»

Le trait distinctif des économistes du dix-huitième siècle, c'est de s'être appliqués, avec le courage le plus désintéressé, à la réforme d'abus oppressifs; c'est la passion pour le bien-être des classes pauvres, c'est l'amour de la justice. Que feriez-vous si vous étiez roi? demandait-on à Quesnay. — Je ne ferais rien. — Et qui gouvernerait? — Les lois. Et les lois étaient à ses yeux ce qu'elles étaient à ceux de Montesquieu, l'expression des rapports naturels entre les êtres, ceux établis par Dieu et auxquels il est soumis lui-même.

Que dirions-nous aussi de Turgot, de la générosité et de la profondeur de ses vues, de l'ardeur, du feu sacré de son patriotisme ! « Vous vous imaginez avoir l'amour du bien public », lui disait Malesherbes, son collègue ; « vous en avez la rage.... » Mais notre admiration elle-même ne doit pas nous distraire de notre sujet, et, pour ne pas nous en écarter, nous nous bornerons à citer l'opinion de Turgot sur les Octrois :

« Je ne vous dissimulerai pas que tous ces droits sur les
« consommations me paraissent un mal en eux-mêmes ; que,
« de quelque manière que ces droits soient imposés, ils me
« semblent toujours retomber sur les revenus des terres; que,
« par conséquent, il vaudrait beaucoup mieux les supprimer
« entièrement que de les réformer; que la dépense commune
« des villes devrait être payée par les propriétaires du sol de
« ces villes et de leur banlieue, puisque ce sont eux qui en
« profitent véritablement; que, si l'on peut supposer que cer-
« taines dépenses utiles aux villes le sont aussi aux campa-
« gnes des environs, ce qui est effectivement vrai quelque-
« fois, il vaudrait mieux assigner une portion de l'impôt levé

« sur ces campagnes, pour subvenir aux besoins dont ces
« campagnes profitent suivant cette supposition, que de les
« faire payer par la voie indirecte d'un impôt sur les consom-
« mations. »

Puis vient cette observation qu'on croirait écrite d'hier, et
à laquelle nos inutiles réglementations n'ôtent rien de son
actualité : « Les droits d'Octrois sont établis pour subvenir
« aux dépenses générales des villes ; c'est donc aux citoyens
« des villes, pour l'utilité desquels se font ces dépenses, à en
« payer les frais; mais comme ces droits ont toujours été
« accordés sur la demande des corps municipaux, et comme
« le Gouvernement, occupé de toute autre chose, a presque
« toujours adopté sans examen les tarifs qui lui ont été pro-
« posés, *il est arrivé presque partout qu'on a chargé par pré-*
« *férence les denrées que les pauvres consomment.* »

Amoureux de la justice, les économistes du dix-huitième
siècle ne se bornaient pas, comme de simples philosophes,
à la considérer, à un point de vue abstrait, comme un droit
sacré, indispensable; ils cherchaient à distinguer, dans les
relations humaines, ce qui est juste de ce qui ne l'est pas, à
préciser le droit et à l'appliquer, dans un but social, bien
convaincus qu'au fond le juste et l'utile sont identiques. Ils
avaient, en outre, sondé les sources de la richesse et
étudié, au point de vue de sa formation et des entraves qui
peuvent gêner son développement, la matière de l'impôt.

C'est sous cette inspiration et sous l'influence de ces
travaux que l'Assemblée constituante, par son décret de
février 1791, supprima toutes les taxes de consommation et
abolit les Octrois qui, eux aussi, avaient été compris dans la
solennelle déclaration du 11 août 1789 : « Tous les pri-

« viléges des bourgs, villes et communautés d'habitants
« sont abolis sans retour et demeurent confondus dans le
« droit commun des Français. »

II

Critique des impôts. — Principes de l'impôt. — Rétablissement de
l'Octroi à Paris. — Opinion de M. Émile Pereire sur les Octrois.
— ils restreignent la consommation des produits de l'agriculture.
— Il n'existe pas de ligne de démarcation absolue entre le
budget de l'État et le budget des communes — Vœu du Conseil
général de la Gironde.

Certains hommes d'État utilitaires, et M. Thiers est de ce
nombre, ne comprennent pas que toute la force de la Révolution
était dans son idéal de justice distributive, dans son respect
du principe de l'égalité humaine et dans sa sollicitude pour l'a-
mélioration du sort des classes jusqu'alors déshéritées. Cette
amélioration ne pouvait être obtenue que par l'émancipation
du travail, par son affranchissement de toutes les gênes, de
toutes les entraves dont on avait embarrassé sa marche ; mais
ces hommes du fait, véritables empiriques, ne s'attardent pas
dans l'étude de la théorie de l'impôt ; ils ne sont touchés que
des facilités plus ou moins grandes de sa perception. En
présence des décrets mémorables de l'Assemblée constituante,
ils ne savent que s'étonner du sacrifice que s'est imposé la
Révolution et des ressources dont elle s'est privée en supprimant

les taxes de consommation! Rien n'est, en effet, plus com-
mode que d'imposer les denrées, les vivres et les aliments; la
consommation est un champ immense où le fisc peut moisson-
ner, récolter, à son gré, pour tous ses besoins. Il n'y a qu'un
malheur : c'est que ces récoltes appauvrissent le fonds et que
l'aisance des dernières classes de citoyens, outre qu'elle est
réclamée par la justice, sera toujours l'un des éléments
principaux de la reproduction et du revenu de la nation.

Il en est du salaire des classes laborieuses comme de
l'ensemencement des terres : tout retranchement dans les
choses indispensables à la vie de l'ouvrier produit le même
effet qu'une réduction opérée dans la quantité des grains
confiés à la terre pour l'œuvre de la reproduction ; c'est
pourquoi le parallélisme établi par M. Thiers entre la propriété
et le capital d'une part, le travail de l'autre, l'égalité qu'il
voulait établir entre le rendement des impôts directs et celui
des impôts de consommation constitue une erreur fondamentale, et les raisonnements à l'aide desquels il a cherché à faire
prévaloir ce faux principe ne résistent pas au plus simple
examen.

Tout ce qu'on a pu dire en faveur des systèmes d'amélioration ou d'amendement des terres s'applique absolument
aux hommes.

L'homme n'est en réalité qu'une machine vivante, machine
intelligente et consciente, il est vrai, et qui est animée du souffle
de Dieu ; mais soumis, comme les autres machines, aux nécessités de l'alimentation, l'homme produit en proportion de
l'entretien de ses forces physiques et des soins donnés au perfectionnement de ses facultés; c'est donc la plus détestable des
erreurs que de chercher à asseoir l'impôt sur le nécessaire du

travailleur ; l'impôt n'a d'autre base que celle du *produit net*,
c'est-à-dire de l'excédant disponible après la satisfaction des
besoins d'existence d'une nation ; cet excédant est la source
unique de l'impôt et de l'emprunt, l'aliment de l'accumu-
lation des capitaux ou de l'augmentation de la richesse, l'origine et la cause de tous les progrès de la civilisation.

Voilà les vrais principes de la matière.

Cependant M. Thiers considère les impôts de consommation comme les meilleurs de tous, et, dans la fameuse discussion sur les matières premières, son principal argument
en faveur d'un nouvel impôt était puisé dans cette
considération que l'alimentation seule était imposée et que le
vêtement ne l'était pas, ce qui constituait une lacune regrettable ; il justifiait cette perception nouvelle en montrant qu'elle
répondait aux règles de la proportionnalité entre le riche et le
pauvre, la robe de la femme riche, disait-il, ayant à supporter une charge de 20 ou 30 fr. en faveur de l'État, tandis
que celle de la femme de l'ouvrier ne payait que cinq à six
sous, et la chemise un ou deux sous ; il oubliait que pour une
robe de luxe et une chemise fine à l'usage des classes opu-
lentes, il y en a des milliers qui sont consommées par les
classes nombreuses et que, en définitive, la plus grande
partie des taxes de consommation est payée par ces dernières.

Les raisonnements de l'ancien président de la République
étaient donc aussi erronés en fait qu'en principe.

Mais qu'importent les principes ? Les propriétaires et les
capitalistes, devenus prépondérants, les ont sacrifiés à leur
intérêt, et, pour avoir méconnu l'égalité et le droit, ils se
sont estimés supérieurs à l'Assemblée constituante.

En l'an VII déjà, l'Octroi de Paris fut rétabli par une loi,

sous la dénomination ridicule et mensongère d'*Octroi municipal et de bienfaisance*. Cette bienfaisance s'étendant, les
vivres du pauvre, les céréales, les vins, les animaux et
jusqu'aux légumes furent imposés dans les villes ; les lignes
d'Octroi, les barrières, les entraves à la circulation se multiplièrent, et l'on vit renaître, au grand détriment des classes
populaires, ces douanes intérieures qui faisaient le désespoir
de nos grands économistes.

Nous ne saurions nous étendre sur les milliers de décrets
restrictifs et exceptionnels qui composent aujourd'hui le code
de la liberté du commerce intérieur. Cette réglementation, très-
savante, très-étudiée, permet de constater elle-même, par ses
prévisions minutieuses, les abus qu'elle voudrait atténuer.

Coûteux à percevoir, lourds pour le pauvre, légers pour le
riche, aussi funestes à l'agriculture qu'au travail des villes,
ces droits sont répartis avec autant d'inégalité que les Octrois
eux-mêmes sur la surface du territoire. Quelques kilomètres
de distance changent l'assiette de l'impôt. Telle denrée est
imposée dans une ville, qui pénètre en franchise dans une
autre. Ici fleurit une industrie qui, plus loin, est rendue impossible. Confusion, incohérence, tel est le spectacle que
fournit l'institution des Octrois dans le pays qui a, le premier,
proclamé le droit commun de tous les citoyens.

On a cherché, il est vrai, à mettre un peu d'ordre dans
ce chaos. L'administration supérieure a été chargée du con-
trôle des tarifs adoptés par les conseils municipaux. Vain
palliatif! L'administration supérieure, M. de Parieu en
convient lui-même dans son Traité des impôts, se renferme
ordinairement dans le domaine de certains principes généraux. Peut-elle calculer d'avance, dans chacune des espèces,

l'effet de chacun des tarifs, leur répercussion sur les pays qui profitent le moins des dépenses des villes? Peut-elle trancher les questions de détail si importantes pour les diverses communes et pour les campagnes voisines? « Elle est occupée de tout autre chose, disait avec raison Turgot, et le mal est sans remède. »

L'institution des Octrois est depuis longtemps condamnée. M. Émile Pereire s'est fait sur ce point, en 1869, dans le sein du Conseil général de la Gironde, l'interprète des vœux de l'opinion. Il était digne de lui de continuer les traditions de nos grands économistes, ancêtres et précurseurs de la Révolution française, et de replacer sur son véritable terrain, celui de l'intérêt général et de la justice, la question de la suppression des Octrois. Dans ses divers écrits et dans son rapport qui fut adopté par le Conseil général de la Gironde, véritable traité, lumineux et profond, il a très-bien montré les vices irrémédiables de l'impôt des Octrois, sa répartition inéquitable, ses effets nuisibles au travail.

« Les Octrois, dit-il, grèvent la nourriture de la population « des villes et restreignent ainsi la consommation des pro- « duits de l'agriculture.

« Ils sont en opposition avec les principes d'équité qui « doivent présider à l'assiette des impôts et d'après lesquels « chacun doit contribuer aux charges publiques dans la pro- « portion de ses ressources.

« Cet impôt, non-seulement, n'est pas proportionnel, mais il « frappe le contribuable en raison inverse de ses ressources; « établi principalement sur les consommations de première « nécessité, il épargne généralement le superflu des uns pour « grever le nécessaire des autres. »

Les Octrois constituent « un régime inquisitorial qui impose
« à tout le monde, à l'entrée des villes, une inspection quel-
« quefois blessante, toujours désagréable, qui nécessite des
« formalités et des retards très-onéreux pour le commerce,
« qui entrave le service des chemins de fer, soit dans les
« gares de marchandises, soit à l'arrivée des trains pour la
« vérification des bagages. »

..... « Cet impôt, qui entrave ou réduit la consommation
« des masses, arrête ou restreint la production, et porte par là
« une grave atteinte au progrès de la richesse publique, est
« un impôt qui doit nécessairement disparaître. »

Une démonstration neuve et pleine d'intérêt, pleine surtout d'actualité, est celle que M. Émile Pereire tirait encore
de l'accroissement de richesse qu'avait amené la suppression
des droits d'entrée sur les *matières premières* et la réforme du
régime général des douanes de 1860.

De 1859 à 1868, les importations de matières premières,
qui sont le nerf de l'industrie, ont doublé par l'effet de leur
affranchissement de tout droit.

« Depuis la réforme commerciale, dans la période de 1861
« à 1868, le commerce extérieur de la France s'était accru
« de 17 milliards relativement à la période des huit années
« antérieures, c'est-à-dire de plus de 2 milliards par an.

« Nos exportations de vins et eaux-de-vie, qui s'élevaient,
« en 1861, à une valeur de 249 millions de francs, ont atteint
« 339 millions en 1868. Cette augmentation de 90 millions est le
« résultat du régime de liberté dans lequel la France est entrée.

« En appliquant ce même régime au commerce intérieur,
« par la suppression des Octrois, on obtiendrait infailliblement
« des résultats bien autrement remarquables; car, pour les

« vins seulement, le commerce intérieur est vingt fois plus
« considérable que le commerce extérieur. Or, comme l'Octroi
« ne frappe pas seulement les vins, mais aussi presque.tous
« les produits de la terre, on peut juger du développement de
« prospérité que l'agriculture française obtiendrait de la sup-
« pression de toutes les barrières d'Octroi, *de l'établissement de*
« *la liberté du commerce intérieur.* »

..... « Ce commerce, le plus important de tous, a la mission
« de satisfaire aux besoins de travail, de nourriture, d'abri,
« de chauffage, à toutes les nécessités de la vie enfin, de
« trente-huit millions d'hommes. »

Mais comment remplacer les Octrois?

Les Octrois ont pris en France une si grande extension, ils
tiennent une si large place dans les budgets d'un grand
nombre de communes, telle est enfin leur importance financière,
que toute réforme isolée serait impuissante. L'État seul est
assez fort pour vaincre des abus malheureusement consacrés
par une longue habitude, pour lever les obstacles qui s'opposent à l'établissement d'un ordre nouveau.

M. Émile Pereire l'avait très-bien compris. Une soudaine élévation de l'impôt direct serait difficilement acceptée, disait-il, si
elle devait s'appliquer immédiatement au remplacement d'un
impôt aussi considérable que celui de l'Octroi. Il faut donc
examiner la question, non pas dans les termes circonscrits où
on l'a posée jusqu'à ce jour, mais dans les termes généraux de
l'assiette des impôts.

« Les budgets des communes, comme ceux des départe-
« ments, ne sont pas, de nécessité absolue, complétement dis-
« tincts du budget de l'État. Dans les conditions actuelles,
« l'État puise, pour ses besoins, dans les budgets commu-

« naux, et à son tour il affecte une partie de ses perceptions à
« couvrir des dépenses spéciales des communes. »

« ..... La ligne de démarcation qu'on veut tracer entre les
« ressources générales et les ressources locales n'existe donc
« pas d'une manière absolue. De quoi s'agit-il donc ? De
« déplacer un peu cette ligne ; de prélever sur l'ensemble du
« budget une partie des ressources dont les communes ont
« besoin, puisque les revenus des villes, comme ceux des
« départements et de l'État, sont toujours puisés aux mêmes
« sources, sont toujours payés par les mêmes contribuables.
« Il n'y a rien d'illogique à puiser dans les ressources com-
« munes pour satisfaire des besoins communs. »

M. Émile Pereire passe ensuite en revue les divers impôts
dont les produits, principalement fournis par les villes, pourraient être appliqués en partie au remplacement des Octrois.
Tels sont notamment les centimes additionnels, la contribution
personnelle et mobilière. L'examen de ces ressources l'amène
à penser qu'on pourrait facilement trouver aussi le moyen de
réformer l'impôt indirect, surtout en ce qui touche les boissons.

« L'exagération de ces taxes, dit-il, nuit évidemment au
« progrès de la consommation, et il semble opportun de
« recommander au Gouvernement de ne pas perdre de vue
« cette amélioration, qui est le complément logique de la
« réforme sollicitée pour les Octrois. Des réductions sagement
« opérées auront inévitablement pour effet de combler promp-
« tement les vides qu'elles auront pu transitoirement pro-
« duire. C'est le système appliqué en Angleterre depuis vingt-
« cinq ans, et il a été constamment couronné de succès. »

Ces idées, si justes et si vraies, se résumèrent dans le vœu suivant adopté, le 4 septembre 1869, par le Conseil général de la Gironde :

« Le Conseil général émet le vœu que le Gouvernement soit
« prié de mettre d'urgence à l'étude la suppression des Octrois,
« en la combinant avec une révision du régime de l'impôt des
« boissons, laquelle devrait avoir pour objet une simplification
« du mode de perception et une réduction des taxes. »

III

Suppression des Octrois en Angleterre, en Belgique, en Hollande.
— Systèmes belges et hollandais. — L'État Belge ne fait que déplacer la question. — Intervention directe de l'État en Hollande.

Nous avons résumé les opinions émises sur les douanes
intérieures et sur l'institution des Octrois par Vauban, Boisguilbert, Quesnay, Turgot. Réprouvée par ces grands économistes, abolie, en 1789 et en 1791 par l'Assemblée constituante, rétablie en l'an VII, par surprise, sous la fausse
dénomination d'*Octroi municipal et de bienfaisance*, cette
institution a reparu parmi nous avec ses effets les plus funestes,
inégale, arbitraire, dommageable surtout aux classes nécessiteuses et frappant de préférence les deux choses que l'impôt
devrait épargner : le travail et la pauvreté. Nous avons som-
mairement exposé les idées qu'un homme qui vécut dans la

préoccupation et la recherche des améliorations sociales avait émises sur la suppression des Octrois ; il nous reste à indiquer les moyens employés pour les remplacer dans les divers pays où ils ont été supprimés ; nous aurons ensuite à donner nos solutions sur le vœu émis par le Conseil général de la Gironde.

La suppression des Octrois n'est pas un fait nouveau chez les autres nations. Il est pénible de l'avouer : dans cette grande réforme, dont elle avait, en 1789, promulgué le principe, la France est aujourd'hui devancée par d'autres États. La Belgique en 1860, la Hollande en 1866, ont aboli leurs Octrois. En Angleterre, il est pourvu aux besoins locaux par des taxes directes et locales. En Prusse, bien que les Octrois soient fort nombreux, on remarque une certaine tendance à les remplacer par l'impôt direct. C'est un devoir d'honneur pour le pays de Vauban, de Boisguilbert et de Turgot de ne pas répudier l'héritage de ces grands hommes.

En Belgique, l'État a pris à sa charge les dépenses des 2,538 communes, et, pour y faire face, il a créé un fonds communal de 14 millions, qui se compose d'une part de 75 pour 100 dans le produit du droit d'entrée sur les cafés, et de 34 pour 100 dans le produit des droits d'accise sur les vins, eaux-de-vie, vinaigres et sucres.

Divers hommes politiques ont professé une grande admiration pour la réforme belge. Notre enthousiasme est plus réservé.

La Belgique a dégrevé quelques objets de première nécessité ; mais elle n'a fait, en réalité, que déplacer la question ; elle s'est bornée, en effet, à mettre en commun et répartir sur toutes ses communes un supplément de taxes de consommation, moins gênantes et moins vexatoires, il est vrai, que les Octrois, mais qui méritent aussi la critique des économistes.

Cette réforme nous montre néanmoins l'efficacité de l'intervention de l'État, sans laquelle un progrès, même relatif, n'aurait pu être obtenu en Belgique.

Mieux conçue et bien préférable au point de vue des principes, a été la réforme opérée en Hollande. Là aussi l'initiaive puissante de l'État est venue au secours des communes. En abolissant expressément tous leurs impôts de consommation, l'État leur a cédé les 4 cinquièmes au plus du revenu de la contribution personnelle levée dans la commune et les 21 1/2 centimes additionnels levés sur l'impôt foncier, pour les propriétés bâties, ressources évaluées ensemble à 6,707,200 florins par an.

Les revenus ainsi cédés étant inférieurs, pour un assez grand nombre de communes, au montant des Octrois abolis, ces communes doivent couvrir leur déficit au moyen de centimes additionnels sur les impôts directs de l'État ou de taxes locales directes.

Telle est, dans ses traits principaux, la réforme opérée en Hollande. Elle nous montre l'État concourant avec les communes, dans une juste mesure, au remplacement des Octrois, et elle nous offre une application de cette règle qui met à la charge de l'impôt direct, dans chaque commune, une partie des dépenses faites pour son utilité.

La France est aujourd'hui bien éloignée de ces principes; mais ce n'est pas chez les peuples voisins, c'est chez elle-même et dans son histoire, qu'elle doit chercher des exemples. Les traditions de ses grands économistes, les applications qu'ont reçues leurs théories, à diverses époques, les décrets de l'Assemblée constituante doivent encore nous diriger. De tous les impôts de consommation, l'impôt de l'Octroi est le plus vicieux, le plus contraire à l'égalité des citoyens, les uns étant exemptés des lourdes charges qui pèsent sur les autres, et les tarifs variant d'une ville à l'autre, de la manière la plus arbitraire.

Reste d'un passé d'ignorance et d'inégalité barbare, véritable privilége féodal, cette institution a été répudiée par les divers Gouvernements à leur origine, quand ils voulaient répondre aux vœux et aux besoins de la nation.

A leur rentrée en France, les Bourbons ont cherché à se populariser en promettant l'abolition des droits réunis ou des impôts de consommation, désignés alors sous cette dénomination. Ce \ promesse, qui ne put être tenue à cause des malheurs des temps, avait excité des transports d'enthousiasme et de joie au sein de nos populations.

Sous la Restauration encore, un ministre, M. de Chabrol, ennemi de l'impôt indirect, déclarait qu'un objet de consommation soumis à cet impôt au profit de l'État ne pouvait plus, sans injustice, être taxé au profit des communes ; il proposait la réduction successive des droits d'entrée et d'Octroi sur les boissons. Sous la monarchie de Juillet, une circulaire du ministre de l'Intérieur, en date du 12 août 1840, recommandait aux préfets « de veiller avec soin à ce que les droits « d'Octrois, proposés comme moyen de remboursement d'un « emprunt, ne le fussent qu'à titre essentiellement tempo- « raire, et à ce que les administrations municipales n'eussent « recours à ce moyen qu'à défaut de tout autre ressource, en « cas d'urgence absolue, et à la condition que la durée de cet « accroissement de charges, *qui pèse plus particulièrement sur*

« *les classes nécessiteuses*, fût strictement limitée aux termes
« du remboursement. »

Cependant, sous l'influence des classes dirigeantes, habiles
à faire prévaloir leurs intérêts, l'institution des Octrois s'est
étendue et fortifiée dans toute la France, et, par une sorte de
surprise et d'expédient financier, des dépenses considérables,
qui auraient dû être équitablement réparties, en raison du
profit de chacun, ont été, selon l'expression de la circulaire
de 1840, mises plus particulièrement à la charge des classes
nécessiteuses. Cet abus s'est tellement aggravé, qu'il semble
faire partie aujourd'hui de nos mœurs financières, et que son
exagération même le maintient et le perpétue par la difficulté
de trouver des ressources équivalentes.

Cependant l'heure est venue d'en finir avec un système
universellement condamné : la suppression des Octrois doit
être inscrite en tête du programme de tout Gouvernement qui,
rompant avec les erreurs du passé et sortant de l'ornière économique où ses devanciers ont versé, sera résolu à procurer
au peuple les bienfaits de notre grande Révolution.

IV

Réponse au vœu du Conseil général de la Gironde. — Intervention
de l'État pour supprimer immédiatement les Octrois. — Moyens
définitifs du remplacement de cet impôt. — Augmentation dans
l'avenir des revenus directs des villes, gaz et eaux.

Le moment est venu de répondre au vœu émis par le Conseil
général de la Gironde.

L'importance du produit des droits d'Octroi et la difficulté de remplacer ce revenu qui, en 1873, atteignait le chiffre de 211 millions, ont été jusqu'ici les seules raisons de leur maintien. —

Le produit de ces droits, dans 1493 villes et communes où ils n'atteignaient pas un million, ne s'élevait en totalité qu'à 54 millions.

Depuis longtemps, on aurait pu trouver aisément les ressources nécessaires pour supprimer l'Octroi dans ces villes, et on aurait pu dégrever successivement du même impôt les villes intermédiaires dans lesquelles le produit atteint deux à trois millions.

Il n'y aurait eu de difficulté sérieuse à le faire disparaître que dans les principales villes de France, telles que Paris, Lyon, Marseille, Bordeaux, Rouen, Le Havre et Saint-Étienne.

On peut même dire que la difficulté n'existe réellement que pour Paris où l'Octroi produit plus de 108 millions, et grève chaque individu d'une capitation de 60 francs, soit 240 francs pour une famille de quatre personnes.

A Marseille, où les farines sont taxées, la charge de cet impôt est de 37 fr. 60 par tête ; elle est à Lyon de 31 fr. 30 ; à Rouen de 33 fr. 98, et à Saint-Étienne de 24 fr. 30, sans tenir compte du droit d'entrée sur les vins, alcools, etc., qui est perçu au profit de l'État dans les villes de plus de 4000 âmes.

Et si l'on observe que ces droits portent sur les objets d'alimentation, sur le combustible ainsi que sur les matériaux de construction dont la cherté augmente le prix des loyers, et que généralement ce ne sont pas des droits *ad valorem*, mais des droits spécifiques, on verra que cette charge pèse réellement, pour la plus grande partie, sur les classes laborieuses.

Mais en dehors de la difficulté de pourvoir au remplacement

de ce revenu, se place encore la question de savoir à quelle source il faudrait le demander sans froisser aucun intérêt et en pondérant équitablement le concours de l'État, celui des communes et des particuliers.

La suppression des barrières de l'Octroi serait, en principe et en fait, également utile aux villes et aux campagnes.

L'accroissement de la consommation et le bénéfice qu'en retireraient les campagnes autoriseraient l'augmentation, au moyen de centimes additionnels, de l'impôt foncier sur la propriété rurale.

Mais d'un autre côté, les Octrois ayant été institués dans l'intérêt de la viabilité et de l'embellissement des villes qui s'y sont soumises, il serait de toute justice de faire supporter une notable partie de ces charges de la vie locale par ceux qui en retirent les profits.

Turgot le disait expressément : « C'est aux citoyens des « villes pour l'utilité desquelles se font ces dépenses à en sup- « porter les frais. »

N'est-il pas abusif, en effet, de prélever sur la consommation du plus grand nombre le prix de travaux et d'embellissements des villes dont l'utilité n'est pas en question, mais qui intéressent directement les capitalistes, les propriétaires et les commerçants, qui jouissent de leurs avantages?

Ces considérations, dont la justesse n'est pas contestable, n'indiquent-elles pas suffisamment qu'il faudrait demander aux diverses contributions directes, sous forme de centimes additionnels, une participation aux ressources nécessaires pour le remplacement des Octrois?

Toutes les forces sociales concourraient ainsi à ce remplacement; mais, nous l'avons déjà dit, une augmentation soudaine des impôts directs dans la proportion qui serait nécessaire donnerait lieu inévitablement à des plaintes nombreuses et nuirait au succès de la mesure.

C'est un danger qui peut être aisément évité, ainsi qu'on le verra plus loin au chapitre du Budget des réformes.

Les ressources dont l'État peut actuellement disposer permettraient en effet d'ajourner de plusieurs années le remplacement normal des taxes abolies. De nouvelles charges ne devraient être créées qu'au moment où les bienfaits de la suppression des Octrois auraient été universellement reconnus. L'aisance des campagnes développée par le facile écoulement de leurs produits, les revenus des biens-fonds notablement accrus, le progrès du bien-être dans tous les centres de population, auraient alors préparé les possesseurs de biens ruraux aussi bien que les propriétaires et les habitants des villes à une augmentation légitime et relativement légère des contributions directes.

Il ne faut pas l'oublier : l'institution des Octrois, également funeste aux producteurs et aux consommateurs, crée des intérêts opposés entre les villes et les campagnes, isole les communes les unes des autres, les sépare par des barrières fiscales de tout le reste du pays. La suppression de cet impôt serait profitable à tous : aux salariés, aux employés, aux rentiers dont la dépense se trouverait diminuée, aux propriétaires dont les immeubles se loueraient d'autant mieux que le séjour des villes serait rendu moins onéreux ; à l'agriculture dont les denrées seraient affranchies de droits et de formalités vexatoires à l'entrée et à la traversée des villes, à l'industrie et au commerce qui prendraient une nouvelle activité.

Cette suppression rétablirait, entre tous les membres du

corps social, l'égalité, l'harmonie, la conformité des intérêts, la facilité des échanges, la libre et naturelle circulation des produits, comme s'opère celle du sang dans le corps humain.

Nous avons dit plus haut que le remplacement de l'Octroi ne présentait réellement de difficultés que pour les principales villes de la France : pour Paris notamment qui, en 1873, a reçu du chef de l'Octroi, frais de perception déduits, 102 millions environ ; pour Lyon qui a reçu, dans la même année, 8,000,000 fr. ; pour Marseille qui a reçu 8,000,000 fr. également ; pour Bordeaux, qui reçoit 3,500,000 fr. ; pour Rouen, Toulouse, Saint-Étienne et le Havre qui reçoivent 2 à 3 millions environ.

Ces diverses villes ont toutes fait des emprunts pour subvenir à leurs dépenses extraordinaires, particulièrement à celles qu'ont nécessitées leurs embellissements ou la construction d'édifices publics, et c'est pour le service des intérêts et de l'amortissement de ces emprunts qu'elles se sont imposé la charge des Octrois.

L'amortissement de ces emprunts a été constitué à des époques très-rapprochées ; il pourrait être éloigné sans inconvénient au moyen d'emprunts successifs correspondant aux remboursements de cette nature.

En ce qui concerne spécialement la ville de Paris, le montant de ses emprunts dépasse 2 milliards, et exige une annuité de plus de 95 millions. Le chiffre de l'amortissement et des primes est compris dans cette annuité pour 25 millions en 1877 et s'élèvera successivement jusqu'à près de 45 millions en 1905.

Il pourrait être pourvu à cet amortissement par des émissions provisoires de bons municipaux qui seraient consolidés ultérieurement; ces nouveaux emprunts ne constitueraient pas de nouvelles charges, mais une simple opération de trésorerie ayant pour but l'éloignement de l'amortissement; ils seraient par conséquent sans le moindre péril pour les finances de la ville, et en facilitant la suppression immédiate de ses Octrois, ils ne feraient, au contraire, qu'affermir son crédit, puisqu'ils auraient pour effet d'augmenter la valeur de ses immeubles et d'améliorer l'existence de ses habitants.

Les fonds nécessaires à ces emprunts sont d'ailleurs tout trouvés, car ils seraient puisés exclusivement dans les sommes remboursées aux porteurs des obligations de la ville de Paris à titre d'amortissement, ces sommes ne servant jamais à leur consommation et devenant généralement de leur part l'objets de nouveaux placements.

Cette facilité de remploi offerte aux prêteurs de la Ville ne ferait que lier plus intimement cette nombreuse clientèle à sa prospérité.

Il en serait de même pour les principales villes de France.

Nous avons dit que l'État possédait, dès aujourd'hui, des moyens suffisants pour assurer le remplacement de la totalité de l'impôt des Octrois; on en trouvera la preuve plus loin. Nous avons ajouté qu'il devrait assumer la charge de ce remplacement jusqu'au moment où il jugerait convenable de s'en affranchir par une augmentation des contributions directes, alors que cette augmentation correspondrait au surcroît de profits qu'auraient réalisés les villes et les campagnes : les fonds précédemment employés par l'État au service de l'Octroi deviendraient ainsi disponibles pour d'autres réformes dans l'assiette des impôts.

Nous ajouterons que les charges nouvelles qu'auraient à

supporter les villes par l'augmentation de la cote personnelle et mobilière, de celle des portes et fenêtres et des patentes, diminueraient dans un avenir prochain et disparaîtraient même complétement par l'effet du revenu que les principales villes tireraient de l'éclairage au gaz et de la distribution des eaux.

Dans vingt-huit années, à l'expiration du privilége de la Compagnie Parisienne, la capitale rentrera dans la possession de son éclairage. Or, cet éclairage, qui donne aujourd'hui près de 40 millions de revenu au profit des actionnaires et des obligataires de la Compagnie ainsi que de la Ville elle-même, produira plus du double en 1905, d'après la progression constante observée jusqu'ici; il en sera de même de la distribution des eaux qui donne déjà 13 millions de revenu.

On voit par ces deux exemples que, le présent étant assuré, les ressources ne manqueront pas dans l'avenir.

Nous pouvons donc inscrire avec confiance, en tête de notre programme, la suppression des octrois.

En 1789, nos pères ne se laissèrent distraire de cette réforme par aucune préoccupation. Dès le premier jour de leur vie politique, ils songèrent aux souffrances du peuple, aux abus et à l'iniquité de l'impôt. Ils donnèrent mandat à leurs représentants de réclamer de larges réformes ; les plus timides firent tout au moins entendre des doléances qu'ils consignèrent dans des cahiers. N'avons-nous pas, nous aussi, des cahiers à écrire, des réformes à réclamer, des doléances à exposer ? Tout est-il pour le mieux, parce que quelques dégrèvements imperceptibles ont été proposés sur de rares impôts ? Est-ce dans cette halte insignifiante que doit s'arrêter la science économique ? N'est-il pas plus opportun de reprendre l'œuvre interrompue de nos pères,

qui proclamaient l'affranchissement du travail, le dégrèvement des impôts de consommation, la suppression immédiate
de tous les Octrois?

Cette suppression, qui rétablirait la justice et l'égalité dans
la répartition de toutes les charges locales, l'harmonie et la
paix entre toutes les classes de la société, et qui donnerait
l'impulsion la plus vive à toutes les forces productives du
pays, assurerait à jamais la durée et la stabilité du Gouvernement qui l'aurait décrétée.

Avec quelle immense joie le peuple de Paris verrait
disparaître ces barrières, objet de tant de haines, qu'il détruit
en ses jours de colère, et que le seul progrès de la raison
publique doit abaisser devant lui !

Plus de divisions alors ! car nous ne comptons pour rien
ces divisions superficielles et de pure apparence, qui n'intéressent pas le sort du plus grand nombre. Plus de luttes
sociales ! plus de Commune ! plus de faubourgs menaçants !
Le calme et la joie se répandraient dans cette immense banlieue
de Paris, qui serait la première à ressentir les bienfaits d'une
réforme si favorable à son travail et à l'écoulement de tous ses
produits. Et qu'on ne dise pas que l'Octroi seul peut faire
des villes brillantes et prospères : Londres, Manchester,
Liverpool, Bruxelles, Amsterdam, qui n'ont pas d'Octrois,
attestent le contraire.

Il faut que toutes nos villes et la France entière, affranchies d'entraves et de barrières indignes de notre civilisation,
n'aient plus rien à envier à l'étranger, et qu'elles donnent,
à leur tour, l'exemple de l'application de la justice dans les
impôts.

DÉPARTEMENTS	NOMBRE DES OCTROIS	POPULATION MOYENNE A L'OCTROI	PRODUIT BRUT	FRAIS DE PERCEPTION	QUOTITÉ POUR 100 DES FRAIS DE PERCEPTION	PRODUIT DES OCTROIS PAR TÊTE
Ain	13	35.141	101.789	27.695	11.42	5.63
Aisne	11	102.641	1.001.519	115.891	13.53	10.66
Allier	13	71.710	485.586	80.618	16.00	6.70
Alpes (Basses)	10	41.116	144.032	11.570	9.58	5.00
Alpes (Hautes)	8	20.699	119.175	11.113	11.83	5.77
Alpes-Maritimes	11	91.095	1.510.970	201.101	13.31	16.06
Ardèche	7	87.539	967.924	38.457	14.33	7.13
Ardennes	7	52.156	797.762	94.552	14.85	15.21
Ariège	34	48.907	212.145	5.647	2.55	3.54
Aube	6	54.650	681.918	78.059	12.13	11.73
Aude	8	72.181	595.347	75.524	14.68	11.14
Aveyron	7	52.456	293.303	38.176	13.01	5.59
Bouches-du-Rhône . .	55	421.122	9.216.621	958.898	10.89	21.88
Calvados	10	95.371	1.470.006	220.770	15.15	15.30
Cantal	13	47.924	170.909	24.003	13.53	7.90
Charente	20	68.465	859.730	94.431	10.73	13.86
Charente-Inférieure . .	18	94.918	1.685.117	141.190	14.37	11.13
Cher	3	52.615	245.374	74.096	16.95	13.48
Corrèze	7	29.183	193.790	27.433	13.64	6.84
Corse	10	14.560	384.713	31.041	9.71	6.77
Côte-d'Or	11	76.599	910.904	119.609	13.07	11.86
Côtes-du-Nord	21	69.784	361.338	44.410	12.14	5.22
Creuse	7	20.809	89.906	14.056	15.61	4.31
Dordogne	20	70.179	445.677	58.705	12.98	6.92
Doubs	3	58.388	672.199	75.958	11.30	13.50
Drôme	19	69.287	544.312	66.232	13.70	6.10
Eure	34	71.456	571.505	95.247	16.99	8.01
Eure-et-Loir	7	39.185	963.706	71.564	13.52	11.71
Finistère	175	521.166	1.973.804	171.134	14.16	3.74
Gard	15	149.694	1.511.802	132.704	9.44	11.67
Garonne (Haute) . . .	24	132.653	2.364.178	312.154	14.13	12.82
Gers	21	37.77s	215.302	26.658	13.80	5.74
Gironde	19	495.981	4.137.566	762.562	18.10	16.75
Hérault	15	167.501	2.057.467	230.708	11.11	14.50
Ille-et-Vilaine	18	98.591	1.141.711	101.918	8.50	11.53
Indre	7	19.187	373.370	53.185	14.01	7.09
Indre-et-Loire	4	55.829	909.203	101.576	11.17	16.68
Isère	11	161.836	1.223.699	108.633	8.31	8.04
Jura	12	57.890	438.007	55.788	13.03	7.58
Landes	16	95.114	410.413	43.649	14.10	5.29
Loir-et-Cher	8	51.813	291.123	65.691	16.24	13.70
Loire	16	260.824	2.097.356	303.224	11.63	14.14
Loire (Haute)	5	47.818	231.968	40.704	17.11	8.11
Loire-Inférieure	24	158.261	2.271.551	301.703	13.31	14.30
Loiret	13	85.178	882.574	128.775	14.30	10.61
Lot	10	33.096	211.091	7.318	3.40	6.90
Lot-et-Garonne	6	73.246	4.9.015	52.193	11.11	6.41
A reporter	865	4.417.884	47.783.824	5.970.886		

DÉPARTEMENTS	NOMBRE DES OCTROIS	POPULATION MOYENNE A L'OCTROI	PRODUIT BRUT	FRAIS DE PERCEPTION	QUOTITÉ POUR 100 DES FRAIS DE PERCEPTION	PRODUIT DES OCTROIS PAR TÊTE
Report	865	4.417.884	47.783.824	5.970.886		
Lozère	8	9.474	44.518	»	»	4.71
Maine-et-Loire . . .	13	96.170	1.376.063	155.106	11.33	11.34
Manche	15	85.129	1.074.318	114.706	10.75	12.68
Marne	5	108.921	1.742.929	180.119	10.30	16.00
Marne (Haute) . . .	6	30.883	453.198	42.754	12.93	8.06
Mayenne	6	16.531	601.043	81.817	11.11	12.91
Meurthe-et-Moselle .	6	85.024	1.453.570	145.293	10.10	17.04
Meuse	4	32.611	534.039	73.195	12.31	13.21
Morbihan	32	119.137	741.332	93.116	14.03	6.05
Nièvre	5	81.847	398.442	96.151	11.19	9.11
Nord	61	659.375	8.149.380	703.741	9.71	14.17
Oise	14	71.870	710.344	105.100	14.08	10.38
Orne	11	54.441	482.908	81.955	17.50	9.37
Pas-de-Calais . . .	85	178.029	4.344.360	253.585	13.61	14.19
Puy-de-Dôme	9	69.409	598.802	110.145	12.13	8.18
Pyrénées (Basses) .	29	91.097	1.015.966	110.726	10.84	11.44
Pyrénées (Hautes) .	25	50.910	391.491	31.194	8.91	7.73
Pyrénées-Orientales .	22	60.491	313.518	39.909	14.65	4.74
Rhin (Haut), Belfort .	4	41.047	409.508	44.064	13.02	9.92
Rhône	6	347.710	9.043.877	783.949	8.71	27.47
Saône (Haute) . . .	6	41.478	481.951	81.371	14.81	9.40
Saône-et-Loire . . .	11	88.400	591.505	91.524	13.17	6.60
Sarthe	5	58.813	805.059	104.418	13.12	11.72
Savoie	11	31.611	584.916	69.618	14.56	13.98
Savoie (Haute) . . .	10	41.509	498.005	43.740	13.52	10.11
Seine (moins Paris) .	39	230.971	3.180.905	430.129	13.66	11.61
Seine-Inférieure . .	22	420.684	6.304.741	861.101	13.10	13.85
Seine-et-Marne . . .	11	78.450	800.811	90.189	11.16	13.44
Seine-et-Oise	17	118.776	2.555.309	359.75?	14.07	11.81
Sèvres (Deux) . . .	23	48.856	509.177	69.537	11.07	11.05
Somme	8	100.291	1.541.876	171.716	14.19	13.77
Tarn	21	107.691	736.356	78.193	0.80	6.81
Tarn-et-Garonne . .	18	17.524	151.997	14.019	9.13	9.45
Var	18	205.574	1.710.571	198.845	11.62	8.34
Vaucluse	13	145.842	780.484	61.463	8.15	5.39
Vendée	12	91.697	549.953	96.457	14.30	7.31
Vienne	8	56.374	770.005	101.423	12.09	13.82
Vienne (Haute) . . .	14	66.511	1.002.932	101.99)	10.39	11.75
Vosges	11	74.081	555.203	13.681	14.18	6.71
Yonne	6	44.526	319.384	38.429	11.13	7.71
	1515	8.329.852	102.848.687	12.421.941	11.005	12.31
Paris	1	2.167.543	108.347.050	5.992.154	5.51	50.01
TOTAUX	1516	10.517.410	211.195.737	18.414.095	8.68	20.06

PRODUIT DES DROITS D'OCTROI

DANS LES VILLES PRINCIPALES EN 1873

VILLES classées d'après l'importance de la population.	POPULATION AGGLOMÉRÉE — Recensement de 1872.	PRODUIT BRUT	MONTANT des DROITS D'OCTROI par tête en 1873.
Paris	1.799.250	108.387.050	60.20
Lyon	270.785	8.758.678	31.30
Marseille	218.763	8.243.042	37.40
Bordeaux	182.727	3.754.960	20.50
Lille	125.047	3.180.838	25.30
Nantes	106.287	2.056.886	19.30
Toulouse	100.584	2.475.518	24.60
Rouen	92.888	3.137.109	33.98
Le Havre	81.785	2.130.986 .	24.70
Saint-Étienne	80.526	1.961.199	24.30
Reims	69.837	998.133	14.20
Roubaix	63.855	1.079.894	16.90
Nîmes	55.458	1.000.811	18.00
Amiens	54.490	994.926	18.20
Angers	51.525	920.558	18.00
Nancy	50.151	1.007.145	20.00
Limoges	41.944	930.973	22.10
Toulon	44.287	1.234.332	27.80
Nice	42.363	1.021.384	24.00
Rennes	49.127	947.536	23.60
Tours	38.511	815.534	21.10
Versailles	35.999	1.431.592	39.80
Grenoble	28.664	863.302	30.3
TOTAUX ET MOYENNES	3.688.444	157.349.946 .	42.65

La population agglomérée indiquée ci-contre, qui sert de base à la fixation des tarifs, ne comprend ni les garnisons, ni la population flottante. On s'explique ainsi des différences assez considérables que l'on peut constater dans le rapport entre le produit de l'octroi de certaines villes et leur population.

TROISIEME PARTIE

VOIES ET MOYENS

CHAPITRE VIII

CONSIDÉRATIONS GÉNÉRALES

Mission des banquiers. — Amélioration progressive des conditions de l'existence humaine. — L'âge d'or. — Le crédit. — Son importance, sa direction, rôle prépondérant des banquiers. — Moyens financiers actuels. — La Banque de France.

I

Nous entendons à tout venant parler de la dignité, de l'honneur, de la liberté, de l'indépendance du peuple ; ces mots sonnent tout aussi bien à notre oreille qu'à celles de ceux qui en usent trop fréquemment peut-être ; mais la dignité, l'honneur, l'indépendance, en dehors des efforts de quelques âmes stoïques, n'arrivent à constituer des vertus sociales que par l'augmentation des lumières, l'élévation des sentiments, et plus encore par l'affranchissement chez les masses des besoins matériels.

Le christianisme, cette grande école, en face des inégalités

les plus choquantes, des abus de la force les plus monstrueux
dut à son orig.. enseigner le renoncement et la résignation.
L'esprit de sacrifice fut considéré comme l'une des premières
vertus. Les humbles, les petits, les pauvres, virent s'ouvrir devant eux le royaume de Dieu, qui n'était pas encore
(nunc) de ce monde.

Le christianisme était alors obligé de compter avec les
puissants du jour pour éviter d'être écrasé par eux ; aussi
leur abandonna-t-il les biens temporels, pour se réserver les
pures jouissances de l'esprit et de l'éternité : *Rendez à César
ce qui est à César et à Dieu ce qui est à Dieu*, avait dit Jésus.
Mais ce n'était qu'une reconnaissance de l'état politique dans
lequel se trouvait alors la Société, une transaction nécessaire,
car les changements les meilleurs, pour être durables, ne
peuvent s'opérer brusquement. et la volonté de Dieu devait
se faire un jour sur la terre comme au ciel.

Nous voyons, en effet, s'améliorer progressivement . s conditions de l'existence humaine. L'âge d'or, qu'une aveugle tradition avait placé dans le passé, sera le partage des géné-
rations futures : mais cet avenir dont nous devons nous
rapprocher sans cesse ne sera obtenu que par l'amélioration
du sort des classes les plus nombreuses; c'est là tout le secret
de la politique et de la morale.

Il est certain que dans l'antiquité, au moyen âge et aux
jours les plus tristes de notre histoire, la doctrine du renoncement et de la résignation pansa bien des plaies et pro-
cura aux déshérités, aux persécutés, des consolations que la
philosophie eût été impuissante à donner. Mais l'esprit de justice, de dignité humaine, de liberté civile et politique a fini
par prévaloir; le règne des lois a remplacé celui de la force.

Ce sont là les grandes conquêtes de notre Révolution, qui se résument dans le sentiment plus avancé de l'amour du prochain et qui en découlent! Enfin la science et l'industrie ont retiré de leur état d'abjection les classes vouées autrefois à l'esclavage, en leur donnant les moyens de faire servir les forces de la nature à la satisfaction de leurs besoins. Dès lors, les principes d'abnégation, de sacrifice et de résignation, en gardant leur beauté morale, ont perdu leur à-propos, leur application et leur valeur primitive.

De tout temps les classes privilégiées ont considéré ce renoncement, ce détachement des richesses comme ne s'appliquant point à elles et n'ayant qu'un caractère absolument théorique.

Bossuet dit « que ce n'est point un mal de posséder de grandes richesses et d'employer toutes ses qualités pour les acquérir : le mal c'est d'en être l'esclave et de se laisser dominer par elles. »

L'abnégation est une vertu qui n'est guère pratiquée par les riches ; Sénèque parlait à son aise de la pauvreté, en écrivant sur un pupitre d'or. Ceux qui, dans la misère comme dans l'esclavage, nouveaux Épictètes, ont conservé leur sérénité, leur dignité et toute leur liberté, sont des individualités à part.

Il faut en effet une grande force d'âme pour supporter la pauvreté : Proudhon, qui fut toujours pauvre, qui accepta sa pauvreté sans impatience et non sans fierté, s'en trouvait parfois accablé.

La misère, enfin, est mauvaise conseillère, *malesuada fames*. Quand on aura détruit la misère, on aura relevé la dignité humaine et rendu à l'homme comme à la société le sentiment de son indépendance. Non, la misère ne doit pas être éternelle ! elle n'est point une condition inévitable de l'organisation des sociétés, et c'est pour cela qu'il faut considérer le bien-être comme le moyen principal d'élever l'âme humaine et de la rendre accessible à ces jouissances qui ne sont, hélas aujourd'hui, que le privilège presque exclusif des classes supérieures.

Voilà pourquoi nous cherchons à améliorer à la fois les conditions du travail et à obtenir une répartition plus équitable de ses produits. Mais les améliorations dans les sociétés ne peuvent être que successives, comme la succession des actes et des pensées dans les individus, et nous croyons que la réforme des impôts est un des premiers moyens qui doivent s'offrir aux hommes d'État pour changer la condition misérable des populations.

Voilà ce qui nous détermine et nous pousse à placer une pareille réforme au-dessus des discussions mesquines des partis, et c'est par ce motif que la chute de M. Jules Simon n'a point eu le don de nous passionner ; c'est pourquoi, à défaut d'initiative de la part du parti radical qui avait tant promis et n'a rien tenu, nous avons accueilli avec empressement l'espoir de voir reprendre par le gouvernement le programme négligé par ses adversaires. Nous voici donc ramenés aujourd'hui à la réalité des choses, et à la nécessité de développer les moyens dont dispose l'État pour délivrer le corps social des crises révolutionnaires, pour lui rendre le calme et la foi dans l'avenir.

Le premier de ces moyens est le crédit.

II

Le crédit permet d'employer toutes les forces, de diriger toutes les ressources vers un but commun en établissant la confiance dans toutes les parties du corps social et en faisant converger tous ses mouvements dans un même sens.

. Le crédit, comme l'argent dont il est la représentation, a été jusqu'ici considéré comme le nerf de la guerre. Il faut désormais qu'il devienne le nerf de la paix, le moteur, l'agent le plus actif de toutes les améliorations.

Le crédit est dans l'ordre économique une force aussi considérable, aussi élastique que la vapeur dans l'ordre physique. Cette force a été jusqu'ici mal employée ou du moins mal dirigée; elle n'a servi la plupart du temps qu'à favoriser les entreprises militaires et à liquider les conséquences désastreuses de ces entreprises. Le Crédit, dont les gouvernements n'ont pas su se servir en France pour l'achèvement de nos voies ferrées et le développement des richesses du sol, a surtout profité aux Gouvernements étrangers. Les banquiers qui en sont les dispensateurs, préoccupés du soin exclusif d'édifier leur fortune ou de l'accroître, n'ont fait que servir d'intermédiaires inconscients, sans surveiller, comme c'était leur devoir, l'emploi des capitaux qu'ils avaient su attirer.

Ils auraient procédé autrement s'ils avaient eu le sentiment de la haute mission qu'ils étaient appelés à exercer sur la direction de l'épargne publique.

Cette direction rentre cependant essentiellement dans leurs

attributions et, quand ils le voudront, les banquiers seront appelés à jouer un rôle prépondérant sur les destinées de l'industrie et contribueront puissamment à l'apaisement des passions qui agitent la société. Il suffit, pour cela, qu'ils comprennent que le budget est autre chose qu'un simple carnet de recettes et de dépenses, et qu'il doit avant tout fournir les moyens d'administrer les affaires de la nation dans l'intérêt du plus grand nombre, intérêt dont dépendent tous les autres.

La commandite des diverses branches du travail national ouvrira encore aux banquiers, en dehors de l'achèvement de notre réseau de chemins de fer, des sources d'affaires nombreuses et abondantes.

On a vu dans les chapitres précédents le développement nouveau que pourront prendre en particulier l'industrie des fers et celle des cotons lorsqu'elles seront émancipées du régime de la protection.

L'œuvre du *Crédit Mobilier*, cette grande institution entravée dans sa marche et arrêtée dans son essor par des haines jalouses, implacables, ne saurait être abandonnée; elle devra être reprise.

Dans cette nouvelle voie, les banquiers, qui sont les véritables chefs de l'industrie, qui en résument tous les mouvements et chez lesquels viennent se concentrer toutes les épargnes, toutes les ressources disponibles, les banquiers, disons-nous, ont une haute mission à remplir, de grands devoirs à exercer, et par leur intervention le budget, loi fondamentale de l'État, doit prendre un nouveau caractère.

A l'imitation des grands financiers tels que Necker et Jacques Laffitte, ils doivent, au lieu de s'isoler de l'État dans un but égoïste, s'unir étroitement à lui, l'aider dans toutes ses combinaisons d'amélioration sociale, notamment dans celle relative à la réforme des impôts; en se dévouant ainsi à l'intérêt général, ils travailleront à la fois pour eux et pour ceux qu'ils représentent.

Nous voulons citer à ce propos Necker, regardé à juste titre comme le véritable organisateur des budgets, par la publicité qu'il donna aux comptes de l'État, qui jusqu'à lui avaient été soumis au bon plaisir des rois. Par cette publicité, ce grand ministre, chez lequel le caractère positif n'excluait pas l'élévation des sentiments, eut la gloire d'imprimer une impulsion irrésistible au crédit public.

Telle était la confiance qu'il sut inspirer par son esprit d'économie comme par la loyauté de ses actes, que, rentrant au ministère, dont les hommes politiques d'alors l'avaient écarté pendant quelques années, et trouvant le Trésor complétement à sec, sa présence seule à la tête des affaires suffit pour le remplir. Des offres lui furent faites spontanément de toutes les principales places de l'Europe, et les fonds publics montèrent immédiatement de 30 0/0.

M. Jacques Laffitte eut un plus grand honneur encore par son intervention dans les affaires de l'État après nos désastres de 1815. C'est à lui que remonte véritablement la fondation du crédit public en France. Il fit adopter le système des emprunts volontaires à la place des emprunts forcés, et sut profiter de ses rapports avec les plus riches banquiers de l'Europe, particulièrement avec les banquiers anglais, pour les engager à prêter leur concours financier au gouvernement français.

M. Laffitte eut le courage de présenter un plan habilement combiné pour l'entière liquidation de l'arriéré, alors que l'État courait à une sorte de banqueroute; par sa haute situation et l'autorité dont il jouissait, il fut, aux yeux du Gouvernement, le garant du succès des emprunts qu'il fit contracter, tandis que son honorabilité inspirait une confiance absolue aux banquiers étrangers, dont le concours était indispensable pour les besoins considérables à satisfaire.

III

Une tâche non moins glorieuse se présente aujourd'hui à l'ambition des hommes de finance, et des emplois illimités pour les besoins de la paix peuvent être offerts aux capitaux du pays.

Toutefois, il n'est pas nécessaire de faire en ce moment de grands efforts pour assurer le succès immédiat des mesures dont nous poursuivons la réalisation et qui, comme on l'a vu, peuvent se résumer ainsi :

Suppression des droits sur la houille ;

Sur les machines à filer ;

Sur une multitude d'articles de douane qui n'ont aucune importance au point de vue fiscal et qui nuisent à la libre circulation des produits, en exigeant en outre le maintien sur pied d'un personnel exagéré ;

Réduction des droits sur les filés et tissus de coton, sur les fontes, fers et aciers et sur les sucres ;

Enfin, suppression des Octrois.

Les moyens financiers pour obtenir ces résultats existent, ils ne sont peut-être point disponibles immédiatement, mais on pourrait se les procurer dans un délai très-court. Il suffirait, par exemple, pour les mettre immédiatement en action, qu'un traité intervint entre le Gouvernement et la Banque de France, dans le but d'ajourner d'un certain nombre d'années le remboursement des 300 millions qui resteront dus à cet établissement au commencement de l'année prochaine, c'est-à-dire le 1er janvier 1878.

Les avances que cet établissement avait faites à l'État dans des circonstances suprêmes s'élevaient à près de 1,500 millions; la plus grande partie, c'est-à-dire 1,200 millions, lui aura été remboursée dans un petit nombre d'années.

Ce n'est pas que la Banque eût besoin de ces fonds et qu'elle eût à pourvoir à de nouveaux emplois dans l'intérêt de l'industrie. Loin de là, le Gouvernement a non-seulement dispensé cet établissement de rembourser ses billets à présentation, mais il l'a autorisé à porter ses émissions jusqu'à 3 milliards, sans l'astreindre à garder en caisse une quantité quelconque de numéraire.

Ces priviléges, dans les premières années qui suivirent la guerre, étaient suffisamment justifiés par les énormes besoins auxquels la Banque avait à subvenir. Ainsi, en 1873, indépendamment du montant de ses avances à l'État, son portefeuille renfermait près de 1,300 millions d'effets de commerce, tant à Paris que dans les départements.

Depuis cette époque, ces emplois n'ont fait que décroître, de telle façon qu'au 21 juin dernier ses avances à l'État n'étaient plus que de 338 millions, et son portefeuille ne renfermait que 456 millions d'effets de commerce, tant pour Paris que pour la province.

Par contre son encaisse s'était élevé de 753 millions, au mois de juin 1873, à 2,276 millions au 21 juin de la présente année; encaisse inutile, en grande partie du moins, puisque la Banque n'est pas tenue de rembourser ses billets à vue et en espèces.

Il y a peu de mois, l'escompte étant à 3 pour 100, le portefeuille de la Banque allait chaque jour en diminuant. Au mois d'avril il était réduit au chiffre de 363 millions; et il se composait, pour une notable partie, d'effets de second ordre.

La réduction de l'escompte de 3 à 2 pour 100 n'a eu qu'une médiocre influence sur les opérations de la Banque; son portefeuille ne s'est accru que d'une somme relativement faible, quand l'on songe aux ressources dont dispose la Banque de France. En effet sa circulation, malgré tous ses efforts pour réduire le chiffre de l'émission de ses billets, était au 30 août dernier de 2,392 millions.

En présence de ressources aussi considérables, la prolongation de l'avance des 300 millions à l'État serait une bonne fortune pour la Banque, et l'on ne comprendrait pas qu'elle pût hésiter à y consentir dans l'intérêt du maintien de ses revenus.

La source de ces revenus serait depuis longtemps tarie si le Gouvernement n'avait pas permis à cet établissement de conserver dans son portefeuille 200 millions de Rentes sur l'État, soit une somme supérieure à son capital, lequel devrait être toujours disponible.

Les gouverneurs de la Banque de France ont pour la constitution de la Banque d'Angleterre une admiration que nous ne partageons pas au même degré. Toutefois, il n'est pas inutile de rappeler, au sujet de l'ajournement du remboursement des 300 millions, les rapports qui existent entre la Banque d'Angleterre et le Gouvernement de ce pays.

Depuis son origine, cette Banque, aux termes de sa charte d'institution, est tenue de faire au Gouvernement anglais une avance permanente de 350 millions, et elle ne peut émettre de billets, sans une représentation équivalente en numéraire, que pour le montant de cette avance, tandis que la Banque de France peut émettre trois milliards de billets sans être tenue à la même obligation que la Banque d'Angleterre.

Nous ajouterons que dans certaines circonstances extraordinaires, la Banque d'Angleterre a été autorisée à dépasser la limite d'émission qui lui a été imposée, mais dans ces cas le Gouvernement s'est toujours réservé le bénéfice des émissions supplémentaires.

On voit que le Gouvernement ne serait ni exigeant, ni rigoureux, en demandant à la Banque de France d'accepter à son égard une position identique à celle de la Banque d'Angleterre vis-à-vis de son Gouvernement.

CHAPITRE IX

MOYENS D'EXÉCUTION

Récapitulation. — Impôts à supprimer. — Déficit momentané qui résulterait de leur suppression. — Moyens d'y pourvoir.

La réforme des impôts de consommation, la nécessité d'abaisser les barrières qui entravent la circulation des produits, et nuisent à la liberté des échanges, sont, depuis longtemps, l'objet des méditations de tous les hommes d'État, et constituent une amélioration fondamentale à introduire dans tout bon système financier.

En France, les charges énormes, résultant des guerres que la nation a eu à soutenir depuis plus de quatre-vingts ans, et des brusques changements de régime par lesquels elle a passé, n'ont pas permis jusqu'ici de la réaliser ; les énormes dépenses nées de ces circonstances de force majeure se sont seules opposées à l'établissement d'un système d'impôts plus rationnel, plus équitable, plus conforme aux principes reconnus et pro-

clamés par l'Assemblée constituante de 1789, et, par conséquent, plus en rapport avec l'esprit des institutions républi-
caines.

Les divers Gouvernements qui se sont succédé, depuis notre
grande Révolution, ont été constamment forcés de subir la loi
impérieuse de la nécessité.

Il appartient à celui que la nation s'est librement donné,
d'opérer cette réforme si vivement désirée par la généralité de
la nation, et dont la justice comme la vérité a été démontrée
par les plus grands publicistes dont la France s'honore depuis
deux siècles.

1

Tous les économistes sont aujourd'hui d'accord sur la véritable source à laquelle les impôts doivent être puisés, soit afin
d'y trouver un aliment abondant et naturel, soit pour n'apporter aucune entrave au développement de la richesse publique, soit enfin pour donner une satisfaction légitime aux besoins de ceux qui concourent le plus activement à la formation
de cette richesse.

C'est au *produit net* du travail de la nation, au revenu des
propriétés de toutes sortes, qu'il faut demander la part contri-
butive des dépenses qui constituent les frais généraux nécessaires à l'entretien des services publics.

L'impôt direct ne s'adresse qu'au superflu, aux excédants de
revenus, tandis que l'impôt indirect, qui frappe la consommation, attaque le nécessaire des travailleurs, augmente le prix des

objets indispensables à l'entretien de leurs forces, réduit ainsi les produits du travail, et nuit essentiellement à la formation des richesses.

Cette limitation abusive des objets d'alimentation des classes les plus nombreuses, résultant de la cherté factice de tous les produits, nuit en outre essentiellement à l'essor du travail, et cause à la prospérité des classes supérieures un dommage incalculable, car on sait l'influence du bon marché sur l'extension indéfinie de la consommation.

Les avantages qui doivent résulter de la réforme des impôts indirects sont d'ailleurs, aujourd'hui, hors de toute discussion, depuis l'expérience si complète qui a été faite en Angleterre par l'initiative d'un grand ministre, Robert Peel.

Plus heureux que nos voisins, l'état prospère de nos finances nous permet de réaliser cette réforme dans les conditions les plus favorables.

Toute réduction ou suppression d'impôt entraine généralement, en effet, la nécessité de créer de nouvelles ressources pour suppléer au déficit causé par la disparition de certains revenus.

Robert Peel s'est ainsi vu forcé de demander à l'impôt du revenu les moyens d'accomplir une réforme qui ne pouvait porter ses fruits qu'après un certain nombre d'années, et l'*income-tax* se présenta comme le seul impôt auquel il pût avoir recours dans l'état imparfait de la constitution financière de l'Angleterre.

Il n'eût pas été possible, en France, de recourir au même impôt, tant à cause de l'état de nos mœurs qui répugnent à toute recherche de la fortune individuelle, que parce que cet impôt se trouve déjà établi au moyen de l'existence des quatre contributions directes, lesquelles n'ont rien de blessant, par la raison qu'elles portent sur les choses, sur les signes extérieurs de la fortune, et respectent la personnalité humaine.

La création, en France, de nouveaux impôts portant sur les personnes, s'est toujours heurtée à d'insurmontables répugnances. Les réformateurs qui se sont efforcés de faire prévaloir ce mode d'impôts étaient animés, sans doute, d'un louable esprit de justice ; mais, peu éclairés, peu compétents, ils ont basé leur système sur l'élévation des classes pauvres par l'abaissement des classes riches.

Les progrès de la science économique ont, au contraire, démontré que l'élévation des riches doit résulter directement de l'amélioration du sort des classes jusqu'ici déshéritées de la plus grande partie des jouissances sociales.

Fort heureusement, il n'est nul besoin de créer de nouveaux impôts pour opérer la réforme que nous méditons, et si on était obligé de le faire plus tard pour suppléer au déficit causé par la suppression complète de certaines branches de nos revenus, on n'aurait à y procéder que quand les bienfaits de cette suppression se seraient fait sentir, alors que ceux qui seraient appelés à fournir la compensation des charges détruites auraient pu en apprécier la convenance et la justice.

Le crédit est certainement un moyen préférable de tous points à la création de nouveaux impôts destinés à opérer de grandes transformations sociales. Le crédit, en effet, ne s'adresse qu'à des capitaux disponibles ; il ne les prend que dans la mesure nécessaire, et les obtient toujours du libre consentement de ceux qui les détiennent. Mais les convictions, touchant le recours régulier aux emprunts, — alors même que leur emploi est reproductif, — ne sont pas encore formées, et dès lors, il faut n'appliquer provisoirement qu'avec mesure ce moyen puissant si l'on veut obtenir un résultat immédiat et positif.

Pour le moment, nous trouvons toutes les ressources nécessaires dans le budget ordinaire lui-même, dans les fonds laissés libres par des services publics arrivés à leur terme, dans les excédants de recettes de nos budgets, dans l'économie que devra procurer la mesure, prochainement réalisable, de la conversion des Rentes 5 pour 100, et l'emploi de quelques combinaisons de trésorerie dont il sera question dans l'exposé détaillé de nos voies et moyens.

L'importance des suppressions, ou des abaissements d'impôts à opérer immédiatement, dépasse le chiffre de 300 millions.

En voici l'indication :

En première ligne, nous plaçons la suppression totale des Octrois, de ces barrières qui se dressent encore aux portes de 1,516 villes, de ces restes de fiscalité féodale, dont le produit brut était, d'après la dernière publication, faite en 1873, de 211 millions, chiffre que nous acceptons provisoirement comme base de nos calculs, ci 211,000,000

dont il faudra déduire, par suite de l'économie des frais de régie. 18,000,000

Net. 193,000,000

A quoi, il faut ajouter la suppression des droits de quai, de navigation, pilotage et autres, qui existent dans nos ports, et nuisent au développement de notre commerce maritime, dont les doléances sont jusqu'ici restées sans écho.

Toutefois, la franchise de ces droits ne devrait profiter, quant à présent, qu'à nos navires,

A reporter. 193,000,000

Report. 193,000,000

jusqu'à ce que les mêmes dégrèvements aient été accordés à nos nationaux dans les ports étrangers, ci. 3,000,000

On sait les réclamations de nos filateurs et de nos tisseurs, en vue d'obtenir la suppression des droits sur la houille et sur l'introduction des machines à filer. Il est essentiel de leur donner satisfaction, afin de pouvoir opérer sur les fils de coton, de lin, de laine, ainsi que sur les tissus à la confection desquels ils sont employés, des réductions indispensables au bon marché des étoffes servant au vêtement du pauvre.

Il est encore indispensable d'opérer un abaissement de moitié au moins à l'introduction des fontes, fers et aciers, dans l'intérêt de l'agriculture, comme dans celui de toutes les branches de l'industrie.

Ces suppressions ou abaissements de droits se traduisent par les chiffres suivants :

1° Suppression des droits sur la houille. 9,500,000

2° Suppression des droits sur les machines destinées à la filature et au tissage (broches et métiers). 1,000,000

3° La réduction à moitié des droits sur les fontes, fers, aciers et sur les machines autres que celles destinées à la filature et au tissage,

A reporter. . . . 10,500,000 196,000,000

Report. . . . , 10,500,000 196,000,000

n'entraînera aucune perte pour le Trésor, attendu qu'elle devra être compensée par l'augmentation de recettes qui résultera de la suppression des admissions temporaires, désormais sans objet . . . . mémoire

4° L'abaissement des droits sur les fils de coton, de lin, de laine, conformément au tarif adopté par l'Association allemande, entraînera une perte que nous évaluons à. . . . 12,900,000

23,400,000

5° Suppression des droits sur la petite vitesse, sur les huiles et les savons, déjà admise par le dernier ministère, environ. 20,000,000

6° La réduction des droits sur les sucres, de manière à les ramener au chiffre admis par la loi de 1860 — soit à 30 francs pour les sucres indigènes, à 27 francs pour ceux de nos colonies, et à 33 francs pour les sucres étrangers — constituera une perte que nous évaluons, par rapport à l'exercice annuel, et pour la première année, à. 60,000,000

Cette perte ira en décroissant d'une manière très-sensible dans les années suivantes, par suite du développement de la consommation, et, selon nos appréciations, elle aura complétement disparu dès la cinquième année.

Total. 299,400,000

Nous aurions voulu pouvoir ajouter à ce tableau, ainsi que cela s'est pratiqué en Angleterre, la suppression des droits de douane sur 6 ou 700 articles dont le produit est peu important et qui, dans le fonctionnement de la perception, compliquent considérablement notre système douanier. Cette réforme, si utile, ne coûterait que 20 millions ; toutefois, nous n'en parlons ici que pour mémoire.

II

Une pareille réforme, dont profiteraient toutes les classes de la population, riches et pauvres, et particulièrement celles qui vivent de salaires, de traitements et de revenus fixes, produirait un effet immense sur le développement de la production générale, sur la multiplication des transports — libres désormais — entre les villes et les campagnes, sur l'extension enfin du débouché de nos produits à l'extérieur, et particulièrement de nos vins. Elle pourrait être obtenue à l'aide des ressources suivantes :

Dans deux années, la dette du Gouvernement envers la Banque de France sera éteinte, et l'économie en résultant s'élèvera à la somme annuelle de 150 millions de francs, prélevés aujourd'hui sur les recettes ordinaires du budget.

Nous comptons trop sur le patriotisme des gouverneurs de la Banque, pour mettre en doute, un seul instant, leur empressement à consentir à l'ajournement des deux annuités en cours, afin de permettre au Gouvernement d'appliquer immédiatement les réformes que nous venons d'énumérer.

Cet ajournement rendrait aussitôt disponibles les 150 millions consacrés, aujourd'hui, à l'extinction de cette dette, ci. 150,000,000

L'excédant annuel des recettes publiques ne peut être évalué à moins de 60 millions, et doit aller même en croissant.

Nous ne mettons cependant en ligne que 60 millions, ci 60,000,000

La hausse constante de nos fonds publics, retardée momentanément par des faits de guerre extérieure, rendra incessamment nécessaire la réalisation de la mesure de la conversion. Cette mesure produira une économie de 52,000,000

Enfin, il est encore possible de faciliter, par des combinaisons financières de la plus grande simplicité, l'ajournement de l'amortissement des dettes municipales des principales villes, ci environ. 30,000,000

Ensemble. 292,000,000

Ces 292 millions formeraient la première dotation de ce que nous appelons le *Budget des Réformes*, conformément à la constitution des anciens budgets des dépenses extraordinaires et de l'amortissement, qui avaient chacun un fonctionnement distinct et des ressources spéciales.

Il ne manquerait ainsi, la première année, que 7 millions

pour équilibrer le montant de toutes les suppressions, de toutes les réductions d'impôts ci-dessus énumérées, et 27 millions, au total, si l'on adopte la suppression des droits sur 6 ou 700 articles de douane. Ce déficit, qui disparaîtrait, et au delà, dès la troisième ou la quatrième année, par l'augmentation de recettes résultant du développement progressif de la consommation des sucres, serait couvert au moyen d'une émission temporaire de bons, opérée spécialement par la caisse de ce Budget des réformes.

III

Il est indispensable que l'État prenne la responsabilité de cette réforme, et que, seul, il en paie tous les frais, dans les premières années, afin que la nation tout entière puisse en apprécier les bienfaits ; mais l'État ne saurait en supporter indéfiniment la charge, et il sera juste, à un moment donné, d'en faire peser une partie sur ceux qui sont plus particulièrement appelés à en profiter, comme les propriétaires de vignobles et les possesseurs de propriétés urbaines.

Sans entrer pour le moment dans le détail de ces compensations, on voit qu'elles sont possibles et qu'elles permettront de renouveler le fonds du Budget des réformes; on se trouvera ainsi en mesure de modifier successivement les autres parties vicieuses de nos taxes de consommation. Il est naturel, en effet,

que si, comme en Angleterre, les abaissements de taxes amè-
nent des augmentations considérables de recettes, on les
fasse servir, comme l'ont fait précédemment Robert Peel
et Gladstone, à opérer de nouvelles suppressions, de nouveaux
abaissements.

Au moyen de l'application du système des réductions de
droits, l'Angleterre a obtenu, par le développement de la
consommation, des augmentations de recettes telles, que son
système d'impôts indirects, aujourd'hui, se borne à une perception sur cinq ou six objets principaux, et qu'elle a pu supprimer les droits sur une multitude d'articles; elle a pu même
arriver successivement à la suppression complète des droits
sur le sucre, et amener ainsi une élévation de la consommation de cette denrée, de 210 millions de kilogrammes en
1844, à 925 millions en 1876, tandis qu'en France cette consommation, qui était à la même époque de 120 millions, n'est,
encore aujourd'hui, que de 260 millions, et cela encore grâce
à l'impulsion qu'elle a reçue par suite de l'abaissement
des droits opérés en 1860.

La France, sans aucun doute, atteindra prochainement le
chiffre de la consommation anglaise, et une vive impulsion
pourrait être donnée à la production de nos fruits déjà si
abondants sous notre heureux climat, et dont la conserve
forme aujourd'hui une branche fort importante du commerce
de nos voisins.

Quant aux avantages résultant de la suppression des Octrois,
nous ne reviendrons pas sur les développements que nous
avons déjà donnés; nous nous bornerons à indiquer le chiffre
des charges que cet impôt fait peser sur chaque individu
dans les principales villes de France.

Cette charge est, pour Paris, de 60 fr. par individu, soit 240 fr. par famille composée de quatre personnes;

Pour Lyon, elle est de 31 fr., soit 124 fr. par famille de quatre personnes;

Pour Marseille, de 37 fr., ou 148 fr., pour quatre personnes;

Pour Rouen, de 34 fr., ou 136 fr. pour quatre personnes;

Pour le Havre, de 25 fr., ou 100 fr. pour quatre personnes;

Et pour diverses villes principales, cette charge varie de 20 à 30 fr., soit 80 à 120 fr. par famille aussi de quatre personnes.

Et cela, indépendamment des autres droits perçus par l'État, à titre de droits d'entrée, de circulation et de consommation sur les boissons, qui, à Paris seulement, s'élèvent à 36 fr. et à Lyon à 20 fr. par habitant.

Quelle immense amélioration pour toutes les classes de la société que celle qui résulterait de la réforme que nous conseillons! Quel soulagement surtout dans la condition des classes pauvres.

Henri IV bornait son ambition à désirer pour ce peuple qu'il aimait sincèrement la poule au pot une fois par semaine. Ce ne serait plus à cette mince ration que le peuple pourrait aspirer désormais. Au moyen de la réforme proposée, tous les objets d'alimentation, de vêtement et de bien-être lui seraient fournis abondamment et à bon marché, et la production de ces objets procurerait à l'industrie des bénéfices considérables.

Voilà les vraies libertés qu'il faut donner au peuple, à la place de ces libertés factices et mensongères qu'on fait miroiter à ses yeux. Ce seraient des faits incontestables substitués à des droits illusoires dont l'exercice a été jusqu'ici sans le moindre avantage pour lui.

Ce serait le véritable affranchissement du peuple, son avénement définitif à la vie sociale et aux jouissances qu'elle procure.

Le Gouvernement aurait ainsi fait, en peu de mois, ce que les républicains exclusifs, plus préoccupés d'établir leur pouvoir que d'assurer le bien-être du peuple, n'ont su faire en sept années.

Il serait difficile d'imaginer une réforme qui fût destinée à devenir plus populaire, car on ne tarderait pas à comprendre qu'elle ne serait que le premier pas dans une voie nouvelle et féconde.

La nation pourrait y voir la source de sa prospérité, de son élévation morale, de sa grandeur politique, le gage de la concorde intérieure et l'assurance d'un affermissement certain de l'ordre social.

Il faut renoncer aux atermoiements, aux réalisations successives, si l'on veut frapper un grand coup et obtenir immédiatement des résultats considérables. Jamais les demi-mesures n'ont réussi ; jamais le bénéfice qu'on en retire n'équivaut aux sacrifices auxquels elles donnent lieu.

La puissance d'un gouvernement qui réaliserait une pareille réforme serait incalculable ; aucun parti ne pourrait lui résister.

DÉVELOPPEMENTS

Dans l'exposé de notre plan de réformes, nous nous sommes placé en dehors de tout système, de toute idée théorique, voulant nous tenir dans la réalité des faits, dans les possibilités actuelles, et ne présenter que des voies et moyens certains, indiscutables.

Cet exposé avait paru dans la *Liberté* du 5 juillet 1877 ; plusieurs journaux nous ont adressé des objections qui s'y trouvaient détruites par avance. On nous a reproché notamment de reporter sur l'impôt direct toute la charge des impôts indirects, alors que nous nous sommes proposé pour objectif de ne pas remplacer ces derniers, avant que les heureux résultats du nouvel état de choses aient été bien établis et puissent être appréciés par tous les contribuables.

Nous ajouterons, enfin, en ce qui concerne le dégrèvement des sucres, qu'il ne saurait être question de combler le déficit des premières années par de nouveaux impôts, attendu qu'il

serait bientôt couvert, suivant une loi de développement universellement observée, par le progrès même de la consommation.

On s'est emparé encore d'un exposé sommaire de nos principes sur la théorie de l'impôt pour étendre la discussion
spéciale que nous avons ouverte au delà des limites dans lesquelles elle devrait se renfermer.

Nous suivrons très-volontiers nos adversaires sur le terrain
qu'il leur plaira de choisir ; mais ils nous permettront de ne
le faire qu'à notre convenance et à notre heure, afin de ne pas
laisser égarer le débat.

Quant à présent nous voulons répondre à leurs allégations,
au sujet de la prétendue exagération du chiffre de l'impôt
foncier, que cet impôt, qui avait été fixé en 1791 par l'Assemblée constituante à 240 millions, a subi, depuis cette
époque, des dégrèvements considérables, et que, sur un budget
qui a au moins quintuplé, il ne s'élevait, en 1876, qu'à
171,700,000 francs.

Encore ferons-nous observer que l'impôt foncier, réduit,
sous la Restauration, à 154 millions, n'a augmenté que par
l'effet de la loi du 17 août 1835, qui a ajouté au produit total
celui de l'impôt sur les nouvelles propriétés bâties, au lieu de
consacrer, comme on le faisait autrefois, cette augmentation
au dégrèvement de la taxe payée par chaque propriétaire dans
le même département.

En regard de ce chiffre de l'impôt foncier, nous voyons
l'impôt des boissons s'élever à 400 millions, tandis que les plus
riches départements de France, qui produisent d'énormes
quantités de vin, ne figurent au tableau de la propriété foncière que pour des sommes insignifiantes ; l'Hérault ne paye

par exemple que 2 millions et demi, et l'Aude 1 million et demi seulement ; et dans ces deux départements, les millionnaires sont nombreux, comme on le sait ; il en est beaucoup dont le revenu est égal au capital primitivement employé : preuve évidente que l'impôt foncier, qui n'a point été remanié depuis 1827, est susceptible d'une grande élasticité dans l'œuvre de péréquation qu'on est, du reste, à la veille d'entreprendre.

L'augmentation des impôts indirects, ainsi que de ceux de consommation dont nous nous occupons spécialement aujourd'hui, n'est nullement la justification de ces impôts ; il indique seulement le développement progressif de la richesse générale.

Nous n'ignorons pas la force des préjugés dont l'esprit d'un grand nombre de financiers est imbu à l'endroit des impôts de consommation, la préférence qu'ils leur donnent sur l'impôt direct, par la raison que les premiers seraient facultatifs et que leur perception s'opérerait avec la plus grande facilité.

La valeur, le mérite des impôts, ne se mesurent pas de cette manière.

Il est certain qu'il n'est besoin ni d'huissiers, ni de garnisaires, pour recueillir le montant des impôts de consommation, car ils font partie intégrante du prix de revient des denrées ou des aliments mis en vente, et l'acheteur est par conséquent obligé de subir la loi du vendeur transformé, à son insu, en agent du fisc.

Nous ferons toutefois des réserves à l'égard des Octrois, dont l'exercice est accompagné de vexations inhérentes à leur nature.

Il n'en est pas moins vrai que les impôts de consommation sont faux en principe, comme constituant un double emploi, car on ne saurait frapper à la fois, sans une profonde injustice, la terre et le produit, le producteur et le consommateur ; il serait plus rationnel et plus économique de frapper l'un ou l'autre, mais non les deux. Enfin l'influence de la réduction de la consommation par l'élévation des prix ne saurait être contestée, et cette influence se fait sentir de la manière la plus déplorable sur la situation des classes les plus nombreuses, dont le nécessaire se trouve forcément réduit, en certains cas, au-dessous des choses indispensables à l'entretien de la vie.

De pareils impôts, prélevés véritablement sur la substance des travailleurs, en diminuent la force productive, et cette force est une richesse pour la société. Tout ce qui tend à la réduire est à la fois une mauvaise action et un mauvais calcul.

C'est ainsi que, par une fausse application du principe de l'égalité, on altère les relations des classes entre elles et on entretient l'esprit de lutte et d'antagoniste entre patrons et ouvriers ; on excite ainsi, chez ces derniers, des sentiments hostiles dont l'explosion est si terrible dans les jours de crise sociale.

Une objection plus sérieuse nous a été faite, au sujet de l'une des ressources sur lesquelles nous comptons pour opérer les réformes que nous avons recommandées.

Elle porte sur la réserve faite par M. Léon Say, dans son exposé des motifs du budget de 1877, au sujet de l'emploi qu'il voulait donner aux 150 millions consacrés annuellement au remboursement de l'État envers la Banque de France, et qui deviendront libres en 1886; elle mérite, par conséquent, d'être examinée soigneusement et avec la déférence qui est due aux idées de cet ancien ministre.

« Ce sera, disait-il, avec la ressource de ces crédits, consi-
« dérés comme libres, qu'on pourra acquitter les dépenses de
« la seconde partie du compte de liquidation, ou, ce qui revient
« au même, qu'on pourra acquitter les bons du Trésor placés
« au fur et à mesure des besoins dudit compte et créés en
« vertu des lois du 4 décembre 1875. »

M. Léon Say avait cru devoir donner cette destination aux 160 millions qui constitueront bien un excédant disponible du budget, alors que la nécessité de réformes à accomplir ne s'était pas fait sentir, et, s'il avait eu à opter entre le premier emploi et le second, nous ne doutons point qu'il n'eût donné la préférence au dernier.

Les dépenses qui sont portées au compte de liquidation sont un complément de celles que nous a occasionnées la malheureuse guerre de 1870.

Il s'agit, en effet, de rétablir notre outillage militaire, de regarnir nos arsenaux et de pourvoir à la défense du sol de la patrie.

Ces dépenses sont, par conséquent, d'une nature exceptionnelle, et ne peuvent être couvertes que par des moyens extraordinaires, par l'emprunt, en un mot.

Rien ne doit être distrait pour un pareil usage des recettes ordinaires de l'impôt, en présence surtout des dispositions générales, qui, nous le reconnaissons, sont, actuellement, peu favorables à l'usage du crédit pour les grandes réformes.

Ces dispositions se modifieront nécessairement par suite

du progrès des idées; mais, comme on ne peut se flatter de les changer en un jour, nous avons dû chercher ailleurs les moyens de réduire ou de supprimer des taxes les plus mal établies.

Si ces moyens qui s'offrent heureusement à nous, et que nous considérons comme une ressource providentielle, nous étaient enlevés, il serait indispensable de recourir au crédit, et jamais son emploi n'aurait été mieux justifié.

Nous n'ignorons pas qu'il faudra un jour consolider les bons émis pour les besoins du compte de liquidation; mais cette consolidation est loin d'être immédiate ; elle ne devra s'opérer que dans quelques années, l'abondance des capitaux étant telle, que le placement régulier des bons du Trésor, à longue échéance, s'effectuera longtemps dans les meilleures conditions.

M. Léon Say n'est pas le seul ministre qui ait projeté de fermer le grand livre de la dette publique; jusqu'ici cela n'a été qu'un rêve.

Oui, nous voudrions, comme lui, le voir fermer pour les œuvres de la guerre ; mais nous voudrions le voir ouvrir largement pour les œuvres de la paix.

En attendant, il est bon que la liquidation de nos folies militaires ne nuise point à l'amélioration du sort de la nation, comme au développement de ses forces morales et physiques.

Soldons les fautes du passé, et efforçons-nous d'en empêcher le retour en nous occupant sérieusement d'organiser l'avenir.

Généralement, on ne se rend pas compte de la nature de l'impôt et de celle de l'emprunt, et on ne sait pas assez que les deux sont puisés à la même source, et que cette source est dans l'excédant des produits sociaux, après l'accomplissement de toutes les conditions nécessaires à l'œuvre de la production, c'est-à-dire à la satisfaction légitime des besoins de ceux qui en sont les agents.

C'est cet excédant, comme nous l'avons déjà dit, que les économistes appellent « *produit net* »; il constitue l'aliment des impôts comme celui des emprunts; c'est à ce réservoir commun que se puisent les uns et les autres, et c'est ce fait incontestable qui justifie la théorie des emprunts considérés comme supplément, comme auxiliaire des impôts.

Les impôts doivent être établis de la manière la plus favorable au travail, afin de ne point gêner le fonctionnement et l'essor de cette unique source de toute richesse. Ils devraient être limités aux moyens de pourvoir aux frais généraux qu'exige l'administration de la société.

Les emprunts doivent servir à solder les dépenses extraordinaires, de quelque nature qu'elles soient, afin de ne pas troubler l'économie des budgets ordinaires, de ne pas déranger leur équilibre, d'assurer au contraire leur stabilité, car les dépenses comme les recettes de ces budgets doivent être régulières et permanentes, pour ne provoquer ni trouble, ni souffrance, ni murmure.

Dans un état normal, les emprunts devraient encore servir aux besoins des dépenses reproductives, de celles qui sont de la nature qu'on désigne comme dépenses de *premier établissement* dans le langage des affaires, de celles, en un mot, qui ont pour objet d'augmenter le capital social, d'agrandir la puissance de la nation par la création de travaux publics nouveaux, de doubler par l'éducation ses forces intellectuelles qui ne contribuent pas moins que les forces matérielles à l'accroissement de sa richesse et de sa puissance.

Mais on ne s'est pas élevé jusqu'ici, en finance, à cette conception de la division à établir dans l'affectation des impôts et des emprunts, et on laisse, quoiqu'à regret, aux grandes Compagnies le soin de recueillir les ressources nécessaires à l'exécution des travaux publics.

C'est à elles qu'est confié ce grand livre des œuvres de la paix, en attendant que l'État se le soit approprié.

Jusque-là, il ne faut aliéner, pour les besoins extraordinaires de la guerre, aucune des ressources du budget ordinaire.

C'est pourquoi nous revendiquons avec énergie l'excédant prochain des 150 millions pour notre *Budget des réformes*.

Parmi les réformes à accomplir, nous avions à choisir celles qui nous apparaissaient comme étant de l'intérêt le plus général, comme aussi de l'intérêt le plus pressant au point de vue individuel.

N'est-il pas urgent, en effet, de faire disparaître au plus tôt un impôt comme celui de l'Octroi, qui, à Paris, prélève sur le salaire ou le traitement d'une famille d'ouvrier ou d'employé la somme relativement énorme de 248 francs, en dehors des impôts de toute nature payés à l'État?

N'est-il pas urgent d'abaisser l'impôt du sucre, qui a été si considérablement surélevé depuis 1860, au grand dommage de la consommation et de la production ?

Nous pourrions poser la même question sur les diverses parties de notre programme.

Ces taxes réunies forment un chiffre plus élevé que l'ancien cens électoral, qui ne s'appliquait qu'à 300,000 individus.

Et ce serait l'affranchissement de pareils impôts qui, au dire de certains journaux libéraux, élèverait les classes pauvres au rang des classes privilégiées !

Nous aurions désiré embrasser dans notre plan l'allégement de l'impôt des patentes qui pèse plus particulièrement sur le petit commerce.

Cet impôt a reçu une aggravation considérable sous le ministère de M. Pouyer-Quertier.

Les patentes qui produisaient, en 1870, y compris les centimes additionnels généraux, une somme totale de 86 millions, donnent aujourd'hui 125 millions, soit 39 millions en plus qui sont prélevés sur l'industrie et le commerce.

Il y aurait, nous le reconnaissons, un grand intérêt à faire disparaître tout ou partie de cette augmentation survenue depuis la guerre, et à faire profiter de la réduction la généralité des petits commerçants, sauf à élever le montant de la taxe pour les grands établissements commerciaux ou industriels.

Ce remaniement des patentes ne coûterait à l'État qu'un sacrifice annuel de 25 à 30 millions.

Quel que soit notre désir de simplifier notre régime douanier, comme l'a fait l'Angleterre, en supprimant une multitude de taxes qui le compliquent sans grands avantages, eu égard aux frais qu'occasionne leur perception, nous admettons qu'il y aurait lieu de donner la préférence à la réduction de l'impôt des patentes.

Toutes les classes de la société auraient ainsi leur part dans cette grande réforme, dont la réalisation illustrerait à jamais le pouvoir qui l'aurait accomplie.

A cette bonne nouvelle, la France se pavoiserait d'un bout à l'autre ; partout on illuminerait en signe de joie et de reconnaissance, et l'immense majorité des électeurs, abjurant de misérables querelles de parti, irait aux urnes pour y porter des votes d'acclamation en faveur d'un Gouvernement qui aurait si bien compris les vrais intérêts du peuple.

Paris. — Imp. Motteroz, rue du Dragon, 31

DU MÊME AUTEUR

Principes de la Constitution des Banques et de l'Organisation du Crédit.

Table des Matières : Introduction. — État de la question des banques. — Enquête. — I. De l'unité du papier de banque. — II. Du monopole de la Banque de France. — III. L'élévation du taux de l'intérêt est-elle la conséquence forcée, inévitable de la diminution de l'encaisse de la Banque de France, et n'y a-t-il pas d'autres moyens de maintenir le niveau de l'encaisse reconnu nécessaire? — IV. De la facilité avec laquelle on peut toujours obtenir de l'or, et des moyens de s'en procurer. — V. L'élévation du taux de l'escompte est-elle l'expression de la rareté ou de l'exploitation du numéraire? Le taux de l'intérêt représente-t-il le prix naturel de l'argent? — VI. Comment sont déterminés les mouvements d'exportation ou d'importation du numéraire? — Théorie du change et du commerce des métaux précieux. — VII. La Banque de France est-elle dans la nécessité d'élever le taux de son intérêt lorsque ce taux vient à être élevé en Angleterre, afin de préserver son encaisse du danger de l'exportation du numéraire? — VIII. De la Banque d'Angleterre; des raisons qui ont amené sa constitution actuelle, et des différences qui la distinguent de la Banque de France. — IX. Du taux de l'intérêt. — Mission des Banques. — Devoirs qu'elles ont à remplir. — X. La Banque de France a-t-elle été fidèle à sa mission? — XI. Liberté et monopole. — XII. Conclusions. — Moyens de réorganisation. — Annexes. — Réponse à l'*Economist*. — Opinion des divers économistes et publicistes à l'appui de nos idées. — Tableaux divers. — Situation de la Banque de France de 1848 à 1864 inclusivement. — Charte de la Banque d'Angleterre.

Budget de 1877. — Questions financières.

Table des matières : Préface. — PREMIÈRE PARTIE : *Budget de 1877.* — *Réforme de l'Impôt par l'Emprunt.*—Chap. I Budget de 1877.—Chap. II. L'Impôt et l'Emprunt. — Chap. III. Dégrèvement des Impôts. — Chap. IV. Instruction publique. — Travaux publics. — Chap. V. Les Emprunts productifs. — DEUXIÈME PARTIE : *Conversion.* — *Réduction de l'intérêt.* — Chap. I. Opportunité et utilité de la conversion. — Chap. II. Développement du précédent chapitre. — TROISIÈME PARTIE : *L'Amortissement.*—QUATRIÈME PARTIE : *Conclusion.*

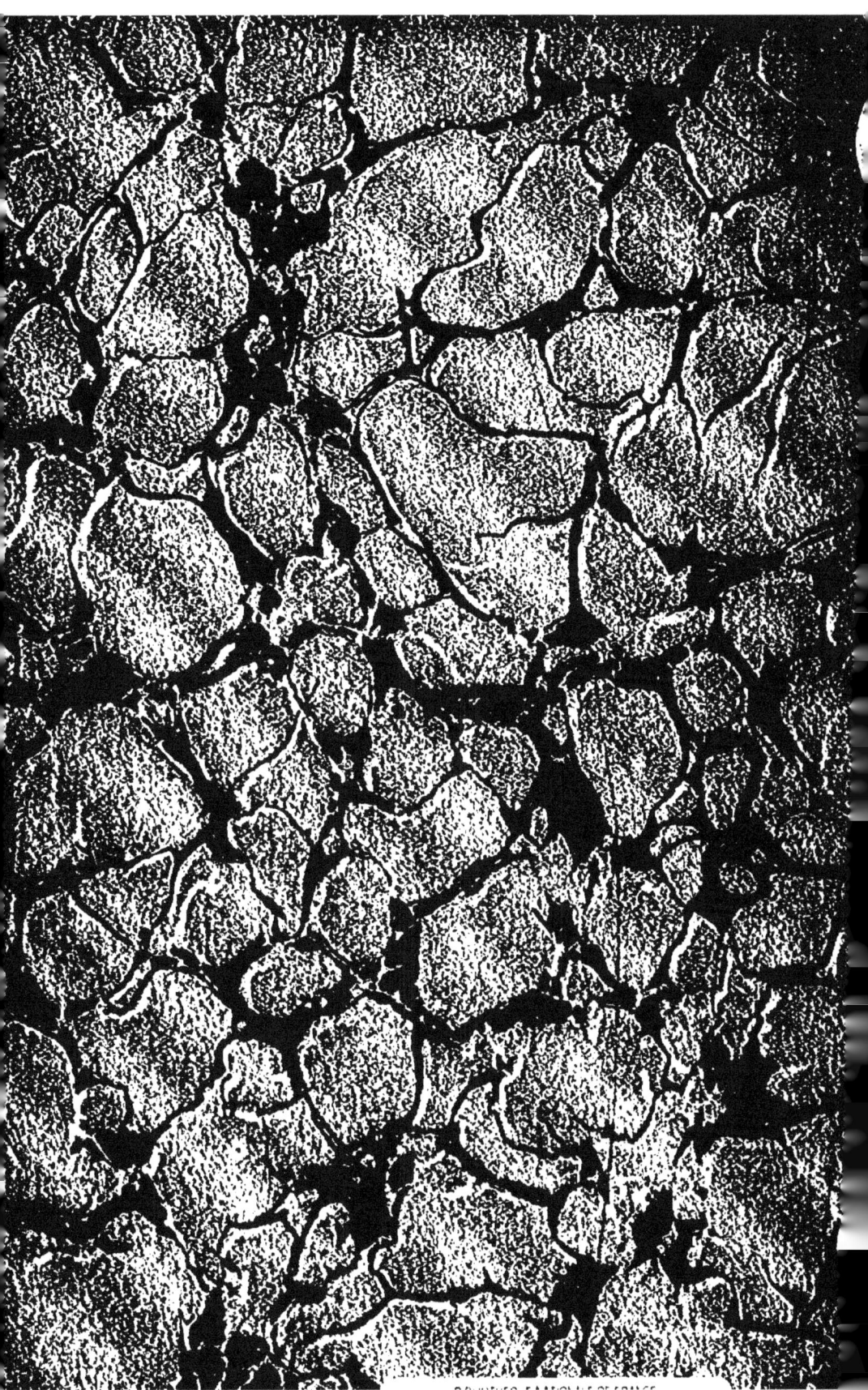

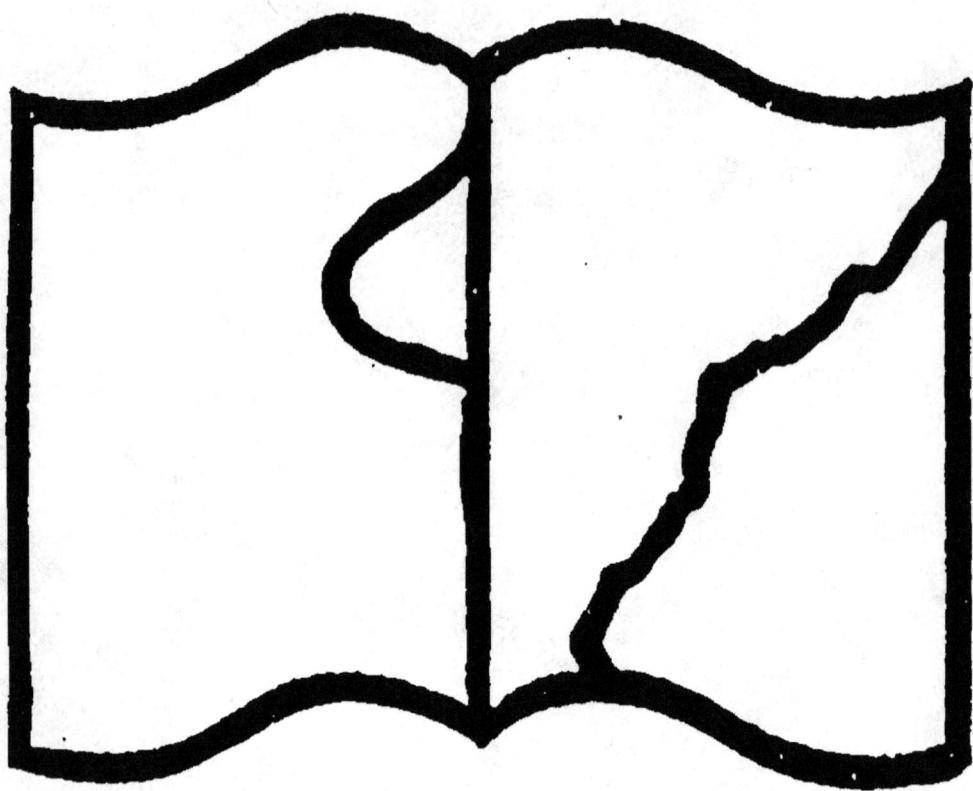

Texte détérioré — reliure défectueuse
NF Z 43-120-11

www.ingramcontent.com/pod-product-compliance
Lightning Source LLC
Chambersburg PA
CBHW072037090426
42733CB00032B/1839